KB074878

**사업가를 만드는
작은 책**

사업가를
만드는

사업하는
허대리
지음

작은
책

RHK

100만 원을 벌더라도 내 사업으로

저는 아직 대단한 사업가가 아닙니다. 수십억 매출도, 수십 명의 직원도, 간식이 쌓여 있는 사무실도 없습니다. 그런 제가 감히 사업에 관한 책을 쓰게 되었습니다.

책을 쓴 이유는 하나입니다. 남이 만든 일자리가 아닌 내가 스스로 만든 일자리에, 나 자신을 고용할 수 있다는 것을 보여주고 싶었기 때문입니다.

우리는 하루 중 절반 이상의 시간을 일을 하며 보냅

니다. 그렇기에 어떤 일을 하며 살아가느냐는 대단히 중요한 문제입니다. 일이 곧 삶의 질을 결정하기에, 직장에 다닐 때는 제가 보다 즐기며 할 수 있는 일이나 더 큰 보상을 받을 수 있는 일을 하고 싶었습니다. 그렇게 고민하던 중 답은 사업밖에 없다는 결론에 이르렀고요.

하지만 그런 낭만적인 동기와는 달리, 막상 사업을 시작하고 나니 저 자신에게 월급을 준다는 것이 정말 어려운 일이라는 걸 깨달았습니다. 일이 마음처럼 착착 진행되지 않고, 고객에게 혼날 때도 있는가 하면, 매출이 시원찮아 텅장을 보며 한숨이 흘러나올 때도 있었습니다. 그럴 때는 '이렇게 열심히 하는데, 왜 이러지?' 하는 자괴감이 들기도 했습니다. 처음으로 직원들에게 월급을 주게 되었을 때는 상당한 부담감이 어깨를 짓눌렀습니다. 걸려오는 클라이언트들의 연락에 하루하루가 정신없이 흘러가기도 했습니다.

이 책에는 'N잡하는 허대리'가 '사업하는 허대리'로 성장하기까지 직접 경험하고 알게 된 사업의 노하우와 많은 시행착오의 사례들을 낱낱이 담았습니다. 정말 솔직하게 기록하려고 노력했습니다. 책의 내용이 정답은 아닐 겁니다. 하지만 책 속의 많은 실패담 또한 이 책을 읽고 시작하려는 예비 사업가들의 실패를 줄이는 데 조금이라도 기여하길 바라는 마음입니다.

책을 본격적으로 시작하기 전, 예비 사업가들을 위해 준비한 것이 하나 있습니다. 어쩌면 당신도 믿을 만한 사업 선배에게, 혹은 자신에게 끊임없이 하는 질문이 아닐까 싶습니다.

"내가 사업을 해도 될까?"

N잡을 할 때부터 사업을 하게 된 지금까지, 많은 사람이 제게 가장 많이 묻는 것도 이것이었죠. 이 질문에 그렇다, 아니다로 답변하기는 대단히 곤란합니다. 그 사람이 어떤 사람인지, 어떤 마음으로 하려는 것인지, 어떤 능력과 자질을 갖췄는지 등 대답을 하기 전 파악해야 할 것이 너무나 많기 때문입니다. 사실 더 들어가면, 사업가의 자질과 상관없이, 지금 시장과 소비자의 마음이 어떻

게 흘러가고 있는지도 사업을 시작하기 전 고려해 봐야 할 문제죠.

이런 모든 문제에도 불구하고 여전히 사업에 확신을 갖고 싶은 독자들을 위해 다음과 같은 진단 테스트를 준비했습니다. 차분한 마음으로 솔직하게 답변해 보시길 바랍니다.

no.	항목	Yes	No
현실 인식			
1	현재 회사의 내 자리는 언제든 누군가로 교체될 수 있다.		
2	회사에서 정년퇴직을 해도 퇴직금만으로는 노후 생계가 어렵다.		
3	사업 초반 수익이 없어도 6개월은 버틸 경제 체력이 있다.		
4	돈으로 바꿀 수 있는 확실한 나만의 기술이 있다.		
욕구 인식			
5	출퇴근 시간에 매이지 않고 더 적은 시간만 일하고 싶다.		
6	사람과의 관계가 힘들어 혼자 일하고 싶다.		

7	남이 아닌 오직 나를 위해서 일하고 싶다.		
8	좋아하는 일을, 하고 싶은 만큼만 하고 싶다.		
9	월급만으로 부족해 사업으로 큰돈을 벌고 싶다.		
10	직장생활이 안 맞아 내 사업을 하고 싶다.		
자질 인식			
11	무엇을 보든 '돈 될 만한 아이디어'가 샘솟는다.		
12	팔리는 상품, 외면받는 상품의 원인을 잘 파악한다.		
13	위기 모면, 문제해결 능력이 뛰어나다.		
14	일정을 잘 지키고 책임감이 강한 편이다.		
15	유관부서, 외부 관계자들과도 원만한 관계를 유지한다.		
16	리더로서의 자질을 검증받은 바 있다.		
주변 사람들의 인식			
17	회사에서도 '일잘러'라는 평을 종종 듣는다.		
18	'뭘 해도 될 놈'이란 말을 자주 듣는다.		
19	내가 사업을 하고 싶다고 하면, 대부분 "잘할 것 같다"라고 말한다.		
20	내 사업 아이디어를 공개하면, "같이 하자"고 하는 사람이 많다.		

답변을 마치셨나요? 항목이 총 20개이기에 항목당 점수는 5점씩입니다. 이러한 진단 테스트가 대개 그렇듯, 'Yes'라고 대답한 항목의 수에 5를 곱한 뒤 점수를 매겨 자신이 100점 만점 중 몇 점에 해당하는지 확인할 수 있을 겁니다.

다만, 저는 여기에 함정을 심었습니다. 바로 '욕구 인식' 파트입니다. 5~10번 항목에서는 'No'라고 대답한 항목의 수에 5를 곱해서 합산하세요. 사실 직장을 떠나 내 사업을 한다고 해도 저 욕구를 완전히 충족시킬 수 없기 때문입니다. 많은 사람이 동일한 마음으로 사업을 시작하려고 합니다. 하지만 막상 사업을 시작하면 오히려 이런 문제가 심화됩니다. 하루 12시간 이상을 일해야 할 수도, 수많은 사람의 비위를 맞춰가며 일해야 할 수도, 좋아하는 일이 질릴 수도, 사업으로 큰돈을 못 벌 수도, 직장생활이 더 낫구나 싶을 수도 있습니다. 그러니 이 항목들에 유독 'Yes'가 많았다면 신중을 기하시길 바랍니다.

이 진단 테스트에서 최종 80점 이상인 사람만 사업

가가 될 수 있는 건 아닙니다. 이 테스트는 자신에게 사업가가 될 면모가 있는지 객관적으로 확인하는 데 도움이 되겠지만, 이런저런 이유로 회사 다니기가 싫어 무작정 '사업하겠다'며 사표를 던질 사람의 '흥분'을 가라앉히는 데도 효과가 있을 겁니다. 각 항목에 대답하면서 당신은 일단 자신을 객관적으로 바라보게 되었습니다. 무엇보다 17~20번에 해당하는 주변 사람들의 인식도 눈여겨보세요. 저는 늘, '남의 눈을 믿어야 한다'고 생각하는 편입니다.

이 테스트에서 50점도 못 받았다면, 이 책을 조금 나중에 읽는 것이 좋을 수도 있습니다. 당신의 점수는 몇 점인가요? 적어도 60점 이상의 성적을 받았다면, 이 책을 통해 부족한 점수는 채워나가 봅시다. 자, 그럼 시작해 볼까요?

차례

6단계 | 사업 확장과 마케팅

보너스 단계 | 사업가의 자기계발

1

직장인과 사업가는 다른 종족이다

사고방식과 일을 대하는 태도에 있어 직장인과 사업가는 정말 다릅니다. 사실 저도 여전히 직장인의 뇌에서 사업가의 뇌가 되는 패치를 진행 중인데요, 사업을 하면서도 좀처럼 벗어나기 힘들었던 몇 가지 생각과 자세에 대해 이야기해 보려 합니다.

첫 번째는 보상 체계에 대한 이해입니다. 재택근무가 활성화되긴 했지만, 일반적인 직장인은 하루 9시간

동안 회사에 머물면서 주어진 자신의 업무를 해내면 돈을 받습니다. 아무리 대단한 결과를 내놓는다고 해도, 회사에 출근하지 않으면 월급을 받을 수 없죠. 또 자신에게 맡겨진 일 이상을 해냄으로써 회사에 엄청난 매출로 기여한다고 해도, 유연한 인센티브 제도를 갖춘 회사가 아닌 이상 보상은 크게 달라지지 않습니다.

반면 사업가는 성과에 따라 돈을 받습니다. 하루 24시간 중 23시간을 먹고 자고 놀아도 1시간 동안 집중해서 클라이언트가 요청한 결과물을 만들어내면 약속된 돈을 받습니다. 심지어 아웃소싱을 통해 고객이 요청한 일을 이메일 몇 통만 주고받는 것으로 해결하고 돈을 받기도 합니다. 그 보상이 1,000만 원이라 해도 이상할 것이 없죠. 고객은 내가 일한 시간에는 관심이 없습니다. 원하는 결과물을 얻기만 하면 그만입니다.

직장생활을 하면서 머릿속에 고정되었던 보상 체계를 수정하는 일은 생각보다 어려웠습니다. '노는 시간'에 대한 죄책감 때문이었죠. 하루에 8시간 일하지 않으면 왠지 모르게 불안했습니다. 게다가 짧게 일하고 돈을 받는다는 것 자체가 어쩐지 부당해 보이기도 했지요.

바로 이 같은 생각을 깨지 못하면, 필요 이상으로 오래 일하게 될 뿐만 아니라 창의적으로 사고하는 것도 어려워집니다. 저 역시 사업 초기에(지금도 초기이지만), 너무 오래 일하다 방전되곤 했습니다. 여러 번의 실패 끝에 이제야 적당히 놀고 여유를 가지고 일하면서 마감도 잘 지키게 되었지요.

두 번째는 일을 완수하는 태도입니다. 업무에 따라 다르긴 하겠지만, 직장인의 경우 주어진 업무를 완수하지 못해도 괜찮을 때가 많습니다. 회사의 특정 프로젝트를 여러 명이 다양한 유관부서와 함께 진행하게 되거나, 기세등등하게 시작했지만 예상치 못한 난항에 부딪혀 흐지부지되며 끝을 못 맺게 될 때도 많지요. 설사 그렇게 된다고 해도 월급은 나옵니다. 물론 이런 일이 빈번히 벌어진다면 문제가 되겠지만요.

반면, 사업은 어떨까요? 사업가는 일을 시작했으면 반드시 끝을 내야 합니다. 일을 잘하는 사람보다 약속한 대로 기복 없이 완수하는 사람이 사업가로서 성공할 가능성이 큰 것도 이 때문이죠.

　세 번째는 비판을 감수하는 자세입니다. 직장생활을 할 때 저는 제가 만든 작업물이나 진행 중인 프로젝트에 대해 누군가가 비판하면 굉장히 괴로웠습니다. 하지만 사업을 시작하면 비판이 일상이 됩니다. 하루에 수도 없는 피드백을 받고 수시로 클라이언트들의 불평불만을 듣게 되지요. 직장인이라면 '왜 저래~' 하고 넘어가도 큰 문제가 되지 않겠지만, 사업가라면 '어떻게 해야 그런 비판을 해결할 수 있을까?' 고민하면서 행동해야 합니다. 네, 대단히 피곤한 일입니다. 많은 사람이 이를 견디지 못해 사업을 그만둘 정도로 말이죠.

　하지만 생각을 바꿔야 합니다. 비판은 유익한 피드백입니다. 내가 해결해야 할 것이 무엇인지 알려주는 신호 같은 것이죠. 그러니 너무 많이 감정을 쏟거나 상처받지 말고 덤덤하게 문제를 해결하세요. 저도 타인의 비판에 굉장히 취약한 사람이었지만 많이 듣다 보니 이제는 익숙해졌습니다(이 글을 쓰고 있는 지금도 고객으로부터 수정 요청 카톡이 오네요). 타인의 비판을 공격이 아닌 개선으로, 방향을 빨리 전환하는 것이 지혜입니다.

네 번째는 의사결정 능력과 자기 확신입니다. 사업은 의사결정의 연속이라고 해도 무방합니다. 무엇을 언제 어디서 어떻게 왜 할지 스스로 모든 스케줄을 결정하고 그것이 맞는다는 확신이 들면 곧바로 수행해야 합니다. 대다수 직장인은 어떤가요? 의사결정 능력은 물론 자기 확신도 부족합니다. 이 2가지가 부족하면 무슨 일이 벌어질까요? 아무 일도 생기지 않습니다. 문자 그대로 문제가 없다는 게 아니라, 그 어떤 이벤트도 발생하지 않는다는 뜻입니다. 실행하는 횟수가 줄어들기 때문이죠. 제가 사업 초반에 많이 저지른 실수입니다. 그저 책상 앞에 앉아서 아이디어를 떠올리고 몇 가지를 기획한 뒤, '과연 될까?' '사람들이 좋아할까?' '이게 팔릴까?' 같은 걱정으로 처음에 가졌던 확신만 서서히 갉아먹은 뒤, 결국 아무것도 결정하지 않은 채 숱한 시간을 흘려보냈습니다. 내 결정이 맞는 것인지 지금은 모릅니다. 나중에야 알게 되지요. 그 나중을 보기 위해서라도 일단은 결정하고 실행해야 합니다.

**사업가는 일을 잘하는 사람이기보다
완수하는 사람이다.**

2

사업을 반드시 해야 하는 이유

저는 사업은 반드시 해야 한다고 생각합니다. 그렇게 생각하는 데는 7가지 이유가 있습니다.

첫째는, 세금 때문입니다. 자본주의 사회에서 국가의 세금 중 가장 많은 비율을 차지하고 있는 이들은 누구일까요? 다름 아닌, 직장인입니다. 직장인 중에서도 전문직 혹은 고소득 직장인이 세금을 가장 많이 내고 있을 겁니다. 그런데 세금을 내는 순서도 중요합니다. 직장인은 먼저 세금을 공제한 뒤 월급을 받습니다. 반면 사업자는 먼저 돈을 벌고 나중에 세금을 신고합니다. 그렇기에 사업자는 매출을 잘 내고 지출의 많은 부분을 비용 처리하며 잘 관리한다면 현금흐름 측면에서 매우 유리합니다. 사업자야말로 자본주의 시스템의 장점을 진정으로 누릴 수 있는 것이죠.

둘째는, 통제권 때문입니다. 직장인의 경우 급여나 일자리의 통제권이 본인에게 없습니다. 아무리 유능해도 정해진 월급을 받고 정해진 일을 해야 하는 피고용인일 뿐이죠. 통제권이 없다는 것이 당장 피부적으로 큰 문제라고 여겨지지 않을 수 있습니다. 하지만 위기가 닥치면 엄청난 위협이 될 수 있습니다. 직장인의 삶에는 본인이 언제 잘릴지 모른다는 불안과 불확실성이 존재하게 마련이죠. 현재 다니고 있는 직장에서 40대, 50대, 60대에도 일할 수 있다는 보장이 없습니다. 하지만 사업가는 어떤가요? 내가 나를 고용합니다. 내가 원하는 한 나를 무기한 고용할 수 있습니다.

셋째는, 성장 때문입니다. '책임감'이라는 측면에서

볼 때 사업가의 책임감은 직장인보다 클 수밖에 없습니다. 클라이언트로부터 받은 일은 반드시 책임지고 해내야만 합니다. '월급 루팡(회사에서 하는 일 없이 월급만 받아가는 직원을 이르는 말)'이 될 수가 없죠. 그래서 계속 공부하고 꾸준히 노력할 수밖에 없습니다. 이렇게 하는 시간이 힘들고 괴로울 순 있지만, 장기적으로 보면 결국 나를 더 강한 사람으로 성장시켜주는 것도 사실입니다. 그래서 사업가는 늘 성장합니다. 그리고 자연스럽게 주변에 성장을 꿈꾸는 건강한 사람들이 모이게 되고 이로 인해 다시 건강한 습관을 쌓는 선순환이 발생합니다.

넷째는, 수익 때문입니다. 당연한 말이지만, 사업 수익의 한계점은 없습니다. 사업가는 무한대로 돈을 벌 수 있습니다. 반면 직장인 대부분에겐 수익의 한계점이 있죠. 상위 5% 내의 대단한 직장인이 된다고 해도 연 1억 이상의 순수익을 내기는 어렵습니다.

다섯째는, 시간 때문입니다. 피고용인은 고용주에게 시간을 빼앗깁니다. 진짜 부자는 경제적인 자유보다 시간의 자유를 누리는 사람들입니다. 사업을 하면 시스템 덕분에 쉬는 동안에도 돈이 벌릴뿐더러, 시간이 아닌 결과에 비례하여 보상을 받습니다. 온종일 놀다가 1시간 바짝 일해서 클라이언트가 원하는 결과물을 생산해 내면 되는 것이 사업입니다. 개인적으로 급한 사정이 생기면 언제든 휴가를 낼 수도 있죠.

여섯째는, 조금 더 재미있게 살 수 있기 때문입니다. 직장인은 자기의 일을 선택할 수 없습니다. 고용주가 시키는 일을 해야 하죠. 그래서 그 일이 재미없어도 합니다. 반면, 사업가는 결국 자신이 흥미와 재미를 느끼는 분야에서 일을 찾게 됩니다. 사실 재미가 없으면 연구할 수가 없죠. 제가 사업을 하기로 결정한 가장 큰 이유가 이것이 아닐까 싶습니다.

그리고 마지막 일곱째는, 우리 모두는 언젠가 사업을 할 수밖에 없기 때문입니다. 회사가 나를 평생 책임지지는 않기 때문이죠.

우리 모두는 언젠가
사업을 할 수밖에 없다.

3

회사는 사업을 하기 위해 다니는 곳이다

내 사업을 하는 데 회사가 큰 걸림돌이 된다고 말하는 사람이 많습니다. 하지만 제 생각은 다릅니다. 회사는 결국 내 사업을 하는 데 필요한 기술을 습득할 수 있는 학교와 같습니다. 지금 제가 활용하고 있는 사업의 기술 대부분은 모두 회사에서 터득한 것입니다.

첫 회사에서 배운(이라기보다 회사에서 살아남기 위해 스스로 터득한) 포토샵은 사업을 운영하는 데 필요한 재료가 되었습니다. 두 번째 회사에서는 2년 동안 카드뉴스와 인터뷰 영상을 만들었는데, 그 덕에 유튜브 콘텐츠 제작의 실무 기술을 갖추게 되었죠. 마지막으로 다닌 회사에서 배운 디지털 광고 집행 방법 덕분에 저는 마케팅을 잘할 수 있게 되었습니다.

솔직히, 기회만 된다면 다시 회사에 들어가고 싶을 정도로(물론 오래 다닐 것은 아님) 회사에서 배울 것이 많다고 생각합니다. 조직을 운영하는 방법이나 수익을 창출하는 구조 등 배울 것투성이입니다. 아무리 배울 것이 없어 보이는 회사라고 해도, 당장 당신이 퇴사하고 나와서 만들 회사보다는 완성도가 높습니다. 당신에게 월급을 줄 정도의 회사이니 만만하게 보면 안 됩니다. 이러한 이유로, 사업을 하고 싶다면 일단 회사에서 배울 수 있는 것을 충분히 배우길 바랍니다.

배울 만큼 배웠다고요? 더는 지금 다니고 있는 회사에서 배울 것이 없다고요? 그럴 때는 조용히 돈을 모으면서 어떻게든 업무 외 자투리 시간을 확보해야 합니다. 그리고 그 시간에 사업을 할 수 있는 재료를 충분히 모아

야 합니다. 이직도 추천합니다. 이직 자체가 작은 사업을
시작해 보는 것이나 마찬가지입니다. '나'라는 상품을 회
사라는 고객에게 판매하는 일이니까요. 어찌 되었든 그
저 충동적으로 사업을 시작하지 않았으면 합니다.

4

사업은 위험한 것이 아니다

우리는 사업을 하다가 망한 사람들, 즉 사업을 하다가 사기를 당하거나 엄청난 빚을 떠안게 된 사람들의 이야기를 자주 접합니다. 워낙 내용이 자극적이라 뇌리에 깊이 박히곤 하죠. 저 역시 현재 사업을 하고 있는 입장에서 그런 일은 절대 겪고 싶지 않습니다. 그렇다면 사업은 결코 해서는 안 될 위험한 것일까요? 사업은 위험한 것이 아닙니다. 다음 3가지를 피할 수 있다면 말이죠!

첫 번째로 피해야 할 것은, 무모한 대출입니다. 이자 감당하기에도 벅찰 만큼 큰 규모의 대출을 받아서 사업을 벌이지 않는 한 크게 위험할 일은 없습니다. 사업의 규모가 크다면 대출을 끌어안고 시작해야 하는데, 대다수의 사람들은 이 정도의 리스크를 감당하지 못합니다. 당신도 예외는 아닐 것입니다. 평생 직장인으로 살아왔다면 더욱 그렇겠죠. 마이너스 재정을 빠르게 복구해야 한다는 조급함이 현명한 의사결정을 막기도 합니다. 물론 기사회생해서 J커브를 그리며 대박을 치는 스타트업의 사례도 많습니다. 다만 그렇게 되기까지 수많은 실패에도 꺾이지 않고 다시 일어나고 도전하고 회복한 과정들이 있었다는 걸 기억해야 합니다. 눈부신 성공 아래에는 실패와 고난의 시간이 함께 깔려 있습니다. 잘 드러나지 않을 뿐이죠.

사업 때문에 망한 사례 중 대다수는, 무작정 수천만 원 이상의 대출을 받아 사업을 시작했다가 결국 손익분기점을 넘지 못하는 경우입니다. 사업을 시작하는 데 반드시 대출이 필요한 것은 아닙니다. 저 또한 대출을 받지 않았습니다. 특정 업종을 제외하고, 고액의 대출이 우선적으로 필요한 사업이라면, 다시 한번 생각해 보길 권합니다. 정말 큰돈이 필요한 일이라면 일단 가진 돈으로 가볍게 시작해 가능성을 검토해 본 뒤, 확신이 생길 때 그때 대출을 받는 것이 현명합니다. 예를 들어, 사업 아이템이 애플리케이션을 만드는 것이라면 이 애플리케이션의 특징과 유용함을 설명하는 콘텐츠를 작성한 뒤에 SNS에 배포해 보고 대중의 반응을 살펴보는 겁니다. 목업을 이용한 랜딩 페이지를 만들어서 가입자 수를 파악해 보는 것처럼 말이죠. 이것이 바로, 근본적인 사업 가설을 테스트해 보는 'MVP minimum viable product(최소 존속 제품)'입니다.

두 번째로 피해야 할 것은, 남의 말에 휘둘리는 것입니다. 사업에서 의사결정권자는 대표입니다. 모든 결정을 내가, 스스로 해야 합니다. 하지만 대다수의 사람은 혼자 결정하는 것이 익숙지 않을뿐더러 행동에 대한 책임도 회피하고 싶은 마음에 남의 말'만' 믿고 결정하곤 합니다. 문제는 내가 결정해야 할 일을 남이 정해줄 때 위험도 따라온다는 것입니다.

당신이 카페 사업을 시작하려고 한다 합시다. 괜찮아 보이는 카페가 매물로 나왔는데, 해당 카페의 매출이 안정적이라는 주변인의 말만 믿고 수천만 원에 달하는 권리금을 주고 카페를 덜컥 인수했다면 어떨까요? 매출이 잘 나오면 다행이겠지만 그렇지 않다면, 매출이 떨어질 때마다 두려움에 떨면서, '사업 괜히 했다'라는 생각이 들 것입니다. 그런데 해당 카페에서 일해 본 경험이 있거나, 혹은 인수 전 1개월 정도 근무해 보면서 매출 흐름을 파악했다면 어떨까요? 적어도 손해는 보지 않을 거란 확신을 가지고 인수했을 테니, 매출이 떨어지더라도 어떻게 개선해야 할지 계획을 세우며 여러 시도를 해볼 것입니다. 나 자신이 스스로 내린 결정이라면, 장애물이 나타나더라도 위험보다는 과제로 느끼게 되기 때문이죠. 적어도 사업 초기에는, 사업 분야를 정하고 직원을 뽑고 사무실을 정하는 일 등 모두 내가 결정해야 합니다. 어떻게든 되겠지, 누군가가 해주겠지 하고 마냥 미룰 수 없습니다.

세 번째로 피해야 할 것은, 느린 실행력입니다. 시간은 정말 귀한 자산입니다. 잃어버린 돈은 되찾을 수 있지만 잃어버린 시간은 되찾을 수가 없죠. 종종 비즈니스 모델을 만들고 있다는 이유를 대며 수익화는 뒤로 제쳐두고 이른바 '사업 놀이'를 하며 거의 2년이 넘는 기간을 어영부영 흘려보내는 사람들을 봅니다. 돈은 잃지 않았다면서 안심할지 모르지만, 그 시간에 대한 '기회비용'은 잃은 셈입니다.

게다가 시간이 흐르면 시장이 변화합니다. 2년 전에 유행한 서비스가 계속 인기를 끄는 경우는 드뭅니다. 고객들은 쉽게 싫증 냅니다. 주기도 점점 빨라지고 있죠. 준비를 너무 오래 하다 보면 내 서비스나 상품에 아무도 관심을 보이지 않을 순간이 올 수도 있습니다.

특히 시간이 꽤 흘렀는데도 성취한 것이 없으면, 그 사업에 대한 확신이 점차 떨어져 성공할 확률이 줄어든다는 것도 문제입니다. 죽이 되든 밥이 되든, 일단은 실행해서 작은 성취를 경험하고 과정에서 부족했던 부분은 개선하면서 사업을 키우는 것이 좋습니다. 한 번에 대박이 나는 사업은 없다고 봐야 합니다.

참고로, 실행력을 키우는 방법을 하나 알려드릴게요. 아주 간단한데, 바로 실행하기 아주 쉬운 것을 목표로 삼는 것입니다. 가령, '구독자 100명 달성하기!'는 실행해야 할 과제라기보다는 소망에 가까우니 피하고, '일주일에 한 번, 5분 이내 영상 1개 올리기'처럼 구체적이고 쉽게 도전할 수 있어서 실현 가능성이 큰 것을 목표로 삼아야 합니다. 인간의 의지는 우리의 생각보다 훨씬 나약합니다. 그러니 스스로 '우쭈쭈' 해가면서 끌어가야 합니다. 아주 작은 성취라고 해도 '셀프 칭찬'하면서 하나씩 돌파하면 됩니다.

5

보상은 결과에 따라 받아야 한다

수년간 월 200만~300만 원 정도의 월급을 받으면서 일하
다 보면 '내 몸값은 이 정도구나' 하는 생각이 듭니다. 문제
는 이것이 당연해지면 600만 원, 800만 원, 1,000만 원을
받는 일이 두려워진다는 것입니다.

'300만 원을 벌 때도 죽을 정도로 힘들었는데, 그
2배의 돈을 받는 일이라면 얼마나 힘들까?'

저도 이렇게 생각하곤 했는데, 이런 자동 생각을 깨기까지 꽤 긴 시간이 걸렸습니다. 당신이 '사업의 세계'에 발을 들일 작정이라면, 이 생각부터 떨쳐내야 합니다. 앞에서도 말했지만, 사업의 세계에서의 보상 체계는 직장인의 세계와 전혀 다릅니다. 당신이 몇 시간을 일하든 결과물만 좋다면 아무 문제가 없습니다.

음식점을 예로 들어보죠. 12시간 이상 밀가루를 손으로 반죽해서 만든 짜장면과 딱 30분간 기계로 반죽해서 만든 짜장면, 어느 쪽이 고객의 만족도가 높고 많이 팔릴까요? 정답은 '맛있는 쪽'입니다. '짜장면 맛은 별로 없었지만 12시간이나 손 반죽을 했다고 하니 2만 원은 내야겠네'라고 생각하는 사람은 없을 겁니다.

결과가 좋아야 한다는 이야기입니다. 자본주의 사회에서는 매우 당연한 논리이죠. 물론 시간에 비례해 결과가 좋아지는 일도 있습니다만, 일하는 시간 자체에 집착할 필요는 없습니다. 오히려 현명한 사업가는 일에 소요되는 시간을 줄이기 위해 집착하고 연구합니다. 우리 역시 현명한 사업가가 되어야겠지요.

6

공부는 그만, 60% 준비되었을 때 시작할 것

많은 사람이 사업을 본격 실행하기 전, 그 분야에 관해 속속들이 알아야 한다고 생각합니다. 전혀 모르고 시작하는 것보다 조금이라도 알고 시작하는 것이 실패 확률을 줄이는 데 도움이 되겠지만, 사업을 위한 준비와 공부가 지나치면 오히려 시작조차 못하게 됩니다.

어쩌면 이제 도전하고자 하는 분야를 완벽하게 파악했으며 만반의 준비를 마쳤다는 생각이 든다면, 늦은 것일 수 있습니다. 이미 철 지나버린 아이템을 미련하게 붙잡고 있는 것일지도 모릅니다. 대다수의 사람이 이처럼 무언가를 시작하기 전에 그 분야와 일에 대해 100% 가깝게 파악하고 준비하려 합니다. 심지어 학위나 자격증까지 따려고 하는 사람도 있습니다. 분명히 6개월 전에 준비 중이라고 했는데, 6개월이 지난 후에도 여전히 준비하고 있다고 할 때가 많죠.

실패 확률을 줄이고자 하는 노력은 높이 사지만, 지나친 준비에 몰두하다간 결국 타이밍을 놓쳐 시작조차 못합니다. 그러니 100% 완벽하지 않더라도 일단 시작하세요. 어떤 일이든 그 일을 직접 실행해 보기 전까지는 완벽히 준비하는 것이 불가능합니다. 시작하는 순간부터 예상치 못했던 부분, 몰랐던 부분이 드러납니다.

하고자 하는 일에 대해 60% 정도 파악이 됐다면 실행하세요. 나머지 40%는 하면서 알게 될 겁니다. 성공이란 목적지로 단번에 가는 지도는 누구에게도 주어지지 않습니다. 그저 내가 한 발 내디디는 순간 켜진 등불로 지도를 밝히며 나아갈 수 있을 뿐이죠.

100% 완벽하지 않더라도
일단 시작하라.

7

완벽이 아닌, 완수에 익숙해져라

제가 좋아하는 말이 있습니다.

"Done is better than perfect."

완벽한 것보다 완수하는 것이 더 낫다는 뜻입니다.
사업은 전 과목을 100점 맞아야 되는 시험이 아닙니다.
몇몇 과목을 70~80점 맞아도 관문을 넘어설 수 있습니다. 저 또한 제가 하고 있는 사업의 모든 부문에서 100점을 받지 못합니다. 콘텐츠 제작, 디자인, 카피라이팅, 영업 등은 겨우 70점을 넘길 정도죠. 하지만 사업은 그래도 돌아갑니다.

그런데 사람들은 왜 이토록 완벽하길 고집할까요? '다른 사람들을 실망시키면 어쩌나 하는 두려운 마음' 때문인 것 같습니다. 분명히 알아두어야 할 것이 있는데, 여러분이 사업을 시작하는 순간부터 '실망'이라는 단어를 피할 수 없을 거라는 사실입니다. 사업을 하면서 누군가를 만족시키는 경험도 많이 하게 되겠지만, 반대로 실망하게 만드는 경험도 많이 하게 될 겁니다.

지금은 줄 서서 먹어야 하는 맛집이라고 해도, 대다수의 사람들이 만족해할 만한 음식 한 그릇을 개발하기까지 수많은 시행착오를 겪었을 겁니다. 여러 손님으로부터 음식이 맛이 없다는 피드백을 받기도 했을 겁니다. 줄 서서 먹는 식당이 되기까지 수많은 '실망'을 지나쳐 왔으리란 걸 짐작할 수 있죠.

사업을 구축해가는 과정에 실망은 반드시 따를 수

밖에 없다는 걸 기억하세요. 저 또한 사업에 미숙한 탓에 여러 번 클라이언트를 실망시켰습니다. 하지만 그 실망을 발전의 계기로 삼느냐 사업을 접을 이유로 삼느냐로 결과도 달라집니다.

후배 사업가들에게 꼭 말해주고 싶습니다. 완벽주의보다 최선주의를 목표로 삼으라고.

Done is better
than perfect.

8

일은 벌려 놓고 책임지면서 진행하는 것

'파킨슨의 법칙Parkinson's law'이라는 것이 있습니다. 영국의 역사학자이자 경영연구자인 노스코트 파킨슨C. Northcote Parkinson이 개인적인 경험을 바탕으로 주창했는데, 어떤 일이든 주어진 시간이 소진될 때까지 늘어진다는 것입니다. 어떤 일의 마감 기한이 24시간 이내라면 24시간 만에 해내고, 4시간 이내라면 4시간 만에 해낸다는 것이죠. 이처럼 일을 완수하는 데 주어지는 시간이 길면 길수록 효율적이지 못합니다. 우리는 '마감'이 없으면 일을 끝내지 못합니다. 한없이 늘어지고 게을러지고 더 완벽하게 하고 싶어지죠.

사업은 어떨까요? 사업할 때 가장 큰 리스크가 바로, 일이 진행되지 않는 것입니다. 따라서 항상 마감 기한을 정해 놓고 일에 착수하는 게 좋습니다. 단, 스스로 정한 마감은 의미가 없습니다. 주변 이해관계자를 동원해 책임감을 부여받을 필요가 있습니다. 그렇지 않으면 마감 기한이 언제든지 뒤로 미뤄질 수 있죠.

예를 들어봅시다. 홈페이지 제작에 관해 공부하고자 합니다. 만약 이를 독학으로 완벽히 배우려고 한다면, 3개월 이상이 걸릴지 모릅니다. 하지만 클라이언트에게 "3주 안에 홈페이지를 제작해 보내드릴게요"라고 약속한 후 계약금까지 받았다면 어떨까요? 아마 책임감이 가중되기에 미리 공헌한 3주 안에 무조건 일을 완수하게 될 겁니다. 저 또한 일을 한도 끝도 없이 미루며 게으름을 피울 때가 있어서, 일을 진행할 때는 다소 빠듯한 마감 기한을 설정하고 여러 곳으로부터 책임감을 부여받은 후 일을 시작하곤 합니다. 사실, 여러분이 읽고 있는 이 책도 마감 기한을 정해 놓고 이를 어길 시 '담당 편집자에게 500만 원을 드리겠다'라고 약속한 뒤 썼습니다. 이처럼 일이 되려면, 일단 벌려 놓고 책임감을 가지고 문제를 수습하면서 진행해야 합니다.

9

사업은 고통스럽지만 고통의 역치는 높아진다

사업을 하다 보면 수많은 문제를 만나게 됩니다. 어떻게
해야 회사의 매출을 효율적으로 끌어올릴 수 있지? 어떻
게 해야 적은 리소스로 최대의 아웃풋을 낼 수 있지? 어
떻게 해야 직원들에게 업무를 정확하게 가르칠 수 있지?

이러한 문제를 해결해가는 과정은 사실, 고통스럽
습니다. 골머리를 앓고, 스트레스도 받으면서 생각에 생
각을 더해 봐도 도무지 풀리지 않을 것 같을 때가 많습니

다. 이 글을 쓰고 있는 지금도 머릿속에서 한두 문제가
계속 떠오르네요.

그런데 신기한 것이 하나 있습니다. 도통 풀리지도
않고 해결되지 않을 것 같던 그 문제들이 시간이 좀 걸리
긴 해도 마침내는 해결된다는 것입니다. 그리고 이후에
똑같은 문제를 다시 만났을 때는 문제가 되지 않더라고
요. 이를 깨닫고 나니 문제를 마주할 때 예전처럼 괴롭지
않았습니다. 어떨 때는 '이거 흥미로운데?' 싶기도 하고
심지어 문제를 해결하는 저 자신을 상상하며 환영하기
까지 하게 되었죠.

문제가 생길 것을 미리 예측하며 겁내지 마세요. 사
업을 시작했다가 문제가 생기면 어쩌나 두려워서 그저
직장생활에 만족하는 사람이 있습니다. 그런데 아시잖
습니까. 직장생활에도 문제가 없는 건 아니라는 것을. 그
러니 문제를 만나면 오히려 웃으세요. 어차피 언젠가는
해결됩니다.

10

못해서 안 하는 게 아니라, 안 해서 못 하는 것

경제적인 어려움을 토로하는 사람들을 만날 때마다, 저는 한결같이 그들에게 사업을 권합니다. 그런데 그들의 반응 또한 늘 같습니다. "내가 어떻게 해", "너니까 하는 거지" "나는 마케팅도 잘 몰라" 그런 부정적 반응을 보이면 더는 사업 이야기를 꺼내지 않게 되죠.

이 세상에 해보지 않은 것을 처음부터 잘하는 사람이 있을까요? 없습니다. 막상 해보면 별것 아닌 경우도 허다합니다. 사업도 마찬가지입니다. 사업을 하는 데 꼭 고급기술이 필요한 건 아닙니다. 사업은 음악, 체육, 미술처럼 타고난 재능이 있어야 할 수 있는 영역도 아닙니다. 배우면 할 수 있고, 또 배우면서 할 수 있는 분야가 바로 사업입니다. 날 때부터 사업가는 없습니다. 그저 하다 보니 그렇게 되었을 뿐이지요. 당신이 안 해봐서 못 하리라 짐작하는 건 아닌지 생각해 보세요.

11

1등을 못 해도 괜찮다

대중들이 사업을 어렵게 느끼는 이유 중 하나는 '나보다 실력이 좋고 잘하는 사람이 이미 많이 있다'고 생각해서인 것 같습니다. 말만 들어봐도 알 수 있죠. "그런 아이템은 이미 있잖아" "나보다 잘하는 사람이 수두룩하잖아" 같은 소리를 하니까요. 당연히 당신이 하려는 사업은 이미 어딘가에 존재할 가능성이 큽니다. 그렇다고 포기해야 할까요?

몇몇 시장을 제외하곤, 1등 기업이 시장을 독식하는 경우는 보기 드뭅니다. 1등이 소화할 수 있는 양이 정해져 있고, 반드시 1등에게 맡기고 싶지 않은 클라이언트도 있을 수 있기 때문이죠. 물론 시장에 따라 다르긴 하지만, 당신의 사업이 10등 안에만 들어도 먹고살기에는 부족하지 않을 겁니다.

저는 현재 유튜브 에이전시 사업을 하고 있습니다. 쉽게 말해, 고객의 유튜브 채널을 키워주는 일인데요, 제가 몇 등 정도를 하고 있을까요? 저보다 영상을 잘 만드는 사람은 정말 많을 테니, 분명 1등은 아닐 겁니다. 그런데도 현재 고객들이 저를 찾는 이유는 무엇일까요? 1등이 누구인지 몰라서일 수 있습니다. 혹은 어쩐지 저에게 신뢰가 가서, 그냥 저라는 사람이 좋아서 등의 이유가 있겠죠. 이러한 다양한 이유로 1등이 아닌 저에게 많은 고객이 일을 맡겨주었고, 현재는 더는 고객을 받을 수 없는 지경에 이르렀습니다.

10등에 머무르라는 소리가 아닙니다. 애초에 1등을 하지 못할 거면 공부도 하지 않을 테다, 하는 마음가짐으로 접근할 게 아니라, 처음엔 10등을 목표로 삼고, 10등이 되고 나면 다시 7등을, 7등이 되면 다시 5등을 …, 이렇게 점진적으로 성장하겠다는 마음가짐이 훨씬 유용하다는 말입니다.

12

사업도 농사처럼 시간이 필요하다

사업을 시작하면, 금세 떼돈을 벌 것이라 기대하는 사람
이 많습니다. 사실, 정반대입니다. 오히려 사업 초기에는
분명 직장생활을 할 때보다 훨씬 더 많이 일하고 훨씬 더
열심히 하는데도 정작 손에 쥐는 돈이 많지 않아 당황하
게 됩니다. '이럴 거면 그냥 회사에 들어가는 게 낫지 않
을까?' 하는 생각도 듭니다. 사업은 돈을 벌기 위해서 하
는 것이지만, 사업을 한다고 반드시 돈을 많이 버는 건

아닙니다.

저도 사업을 하기만 하면 꽤 많은 돈을 벌게 되리라 기대했습니다. 하지만 조만간 '왜 돈이 안 벌리지?' 하며 한탄하는 저와 마주하게 됐습니다. 주변 사람이나 친구들은 이제 '대표님'이라고 불러야 하느냐며 부러운 눈길을 보내곤 했지만, 솔직히 저는 매달 안정적으로 계좌에 돈이 꽂히는 그들이 더 부럽기만 했습니다. '돈 벌고 싶다!' 아무리 외쳐도 좀처럼 돈이 생기지 않더군요. 그러다 새로운 깨달음이 왔습니다. 바로, '사업은 농사와 같다'는 것이었습니다.

사업을 시작하는 건 씨앗을 심는 행위입니다. 그렇게 심은 씨앗이 시간이 지나면서 자라 나무가 되고 열매를 맺게 되는데, 그 열매가 바로 돈입니다. 열매를 맺기 위해서는 밭을 갈고 씨앗을 심은 뒤에 기다리는 인내가 필요합니다. 문제는, 오랜 시간 회사에서 일하며 직장생활에 익숙해진 사람들은 이 주기를 견디지 못한다는 겁니다. 그동안은 열매를 얻기까지의 주기가 1개월이었고 비교적 정확했기 때문이죠. 하루라도 월급이 밀렸을 때

스멀스멀 올라오는 초조함과 압박감. 경험해 본 사람은 알 겁니다. 사업을 하면, 매월 따박따박 돈이 들어오는 게 어렵습니다. 이것부터 이해해야 합니다.

사업가가 할 수 있는 일이라곤, 그저 오늘 분량의 씨앗을 심는 것뿐입니다. 비가 오고 햇살이 내리쬐는 건 내가 할 수 있는 영역이 아닙니다. 어떤 씨앗은 싹을 틔우기도 전에 썩을 수 있습니다. 씨앗을 단 한 개만 뿌린 게 아니라면, 그중 하나라도 싹이 나고 잘 자란다면, 그것에 집중해 잘 키우면 됩니다. '심은 대로 거둔다'는 단순한 진리를 기억하고 적어도 수개월은 기다려야 한다는 것을 염두에 두길 바랍니다.

13

사업이 직장생활보다 안정적인 이유

왜 대다수의 사람이 사업이 아닌, 직장생활을 선택할까
요? 가장 큰 이유는 안정감일 것입니다. 어찌 되었든 직
장인이 되면 먹고살 만큼의 월급은 받을 수 있다고 생각
하는 것이죠. 이를 부정할 생각은 없습니다. 매일 출근을
하며 직장생활을 해봤기에 저 역시 거기서 얻을 수 있는
안정감이 어떤 것인지도 너무나 잘 압니다. 그러나 장기
적으로 볼 때도 과연 직장이 더욱 안정적인지는 한 번쯤

생각해 봐야 합니다.

어느 날 회사의 재정이 갑자기 어려워질 수도 있고, 예측하지 못한 이유로 내 일자리가 사라질 수도 있습니다. 회사는 어려워지면 가장 먼저 인력을 줄입니다. 물론 이런 일이 빈번한 것은 아니기에, '나는 예외인데? 우리 회사는 망할 리가 없는데? 난 공무원인데?' 같은 생각도 할 수 있을 겁니다.

제 주변인들의 사례를 살펴보니, 잘 다니던 회사를 그만둔 사유가 회사의 경영상 어려움 같은 외부 요인이 아니었습니다. 공통점은, 그들 대부분이 자발적으로 직장을 그만두었다는 것이었죠. 비교적 가장 최근에, 꽤 근속연수가 길었던 친구가 퇴사했습니다. 저는 물었죠. "왜 잘 다니던 회사를 갑자기 그만둔 거야?" 친구는 대답했어요. "내가 그 회사에 계속 있으면 내가 싫어하는 부장처럼 될 게 빤한데, 그렇게 살고 싶진 않더라고. 이제 내 일을 해보려고."

인간이 꼭 생계유지에 필요한 돈 때문에 일하는 것만은 아니라는 생각이 들었습니다. 어쩌면 이 책을 읽고 있는 당신도 당장은 아니라고 해도 언젠가는 회사를 떠나리란 사실을 염두에 두고 있을지 모릅니다. 애초에 그런 생각이 없었다면 이 책을 선택하지 않았을 테니까요. 결국 우리 모두에겐 실현하고 싶은 자기만의 꿈이 있지 않을까, 자발적으로 하고 싶은 자기의 일이 있지 않을까 싶습니다. 그것이 인간의 자연스러운 욕망일 겁니다. 현시점에서는 퇴사나 이직에 대한 생각이 전혀 없고 그저 지금 다니는 회사를 한결같은 마음으로 계속 다니고 싶다 해도 언제 변덕을 부리게 될지 모릅니다.

앞서 말한 친구는 회사가 주는 안정감을 버리고 사업의 세계에 뛰어든 탓에 다소 위험한 삶을 시작하게 될 수도 있겠죠. 하지만 삶의 안정감이 직장의 유무와 꼭 관련이 있는 건 아닙니다. 자신의 삶에 대한 통제권을 쥐고 있고, 스스로 경영해 나갈 능력을 갖추고 있다면 안정감도 곧 되찾을 수 있을 겁니다.

삶에 대한 통제권을 쥐고 있을 때
안정감도 찾아온다.

14

직장생활을 보면 사업 성공률이 보인다

사업은 직장생활과 꽤 큰 연관성이 있습니다. 앞서 사업
가와 직장인은 종족부터 다르다고 했습니다만, 일의 성
격에 있어서는 비슷한 부분이 많습니다. 사업가는 직접
만든 상품을 판매하고, 직장인은 나의 시간과 노동력을
판매합니다. 사업가는 고객을 설득하고, 직장인은 인사
담당자나 상사를 설득합니다. 책임에 대한 책임과 보상
으로 인한 혜택이 사업가에게 더 많이 주어질 뿐이지, 일

의 내용이 완전히 다르지 않다는 말입니다.

직장생활을 잘했던 사람은 사업을 해도 잘합니다. 예외가 없다고는 할 수 없지만, 그런 사례들은 얼마든지 찾을 수 있습니다. 직장생활을 엉터리로 했던 사람은 자기 사업을 해도 어설플 때가 많죠. 당신의 직장생활은 어떤가요? 이 부분에서 찔릴 사람이 많을 겁니다. 사실 회사에서는 일을 잘 못해도 그것이 그렇게 치명적이진 않습니다. 상사와 후배, 동료로부터 욕은 조금 먹을 수 있겠지만요. 반면 사업을 하는데 일을 못하면 어떻게 될까요? 고객이 떠나버립니다. 아무리 긴 시간 내 상품을 사주었고 믿을 만한 관계를 쌓아온 사이라고 해도, 자기에게 도움이나 유익이 되지 않는다 싶으면 바로 관계를 끊어버리는 것이 고객입니다.

직장생활을 잘한다, 일을 잘한다고 할 때 그 기준은 무엇일까요? 여러 가지가 있겠지만, 일단 '약속 이행 여부'를 가장 먼저 말씀드리고 싶습니다. 사업 대부분의 수익 구조는 고객과의 약속을 지키면서 이뤄집니다. 고객이 제작 의뢰한 홈페이지를 약속한 기간 안에 납품해 내느냐, 제공하기로 한 퀄리티에 부합하는 결과물을 만들어 내느냐. 이러한 약속에 대한 이행이 쌓여서 신뢰를 만들고 이 신뢰가 사업을 존속시킬 수 있는 힘이 됩니다.

사업 초기에는 약속을 지키는 것이 어려웠습니다. 저에겐 2가지 문제가 있었는데, 첫 번째는 약속을 너무 많이 한다는 것이었고, 두 번째는 지키지 못할 약속을 한다는 것이었죠. 여러 번의 시행착오 끝에 지금은 지킬 수 있는 것만 약속하고 있습니다만, 지나고 보니 약속 이행 여부보다 더 중요한 것은 어떻게든 약속한 것을 책임지려고 하는 태도인 것 같습니다.

이 밖에도 직장생활을 잘할 때 얻는 유익이 하나 더 있습니다. 직장생활을 잘하면 그만큼 나를 도와줄 수 있는 사람이 늘어나고, 이를 통해 사업의 성공 확률 또한 올라간다는 겁니다. 제가 사업을 시작하고 처음 맞이한 클라이언트도, 사실 회사에서 같이 일했던 지인이 소개해 준 분이었죠. 가장 강력한 마케팅은 결국 입소문입니다. 그러니 내 평판이 좋게 유지될 수 있게 해야 합니다. 사업을 잘하고 싶거든, 직장생활부터 잘해나갑시다.

15

사업하기에 부족한 사람?

만약 누군가가 당신에게 사업을 해보라고 제안한다면 무엇이라고 대답하시겠습니까? 대부분은 아직 사업을 하기에는 여러 면에서 부족하다며, 공부부터 해야 할 것 같다고 대답하지 않을까요?

앞에서 일이 되려면 일단 일을 벌려 놓고 책임지고 수습하면 된다고 했습니다. 그 말을 무작정 회사를 그만두라는 말로 오해해선 안 됩니다. 사업을 시작하기 전에는 시장에 대한 분석과 공부도 하면서 준비를 해야겠지요. 그래서 대부분은 공부부터 하고 언젠가 사업을 하겠다고 생각하지요. 하지만 그렇게 공부나 준비에 완벽을 기하다 보면 그 언젠가의 시간이 결코 오지 않을 겁니다.

솔직히, 무언가를 해보고 싶다는 그 생각, 이미 오래전부터 하지 않았나요? '아, 이제 준비가 다 됐다' 싶은 때는 없습니다. 배우는 일이 책을 읽고 강의를 듣는 것만으로 가능하지는 않습니다. 사업을 배우는 가장 좋은 방법은 직접 사업을 하는 것입니다. 직접 실행하면 책과 강의로 배울 때와는 비교도 안 될 정도로 많은 것을 배우게 됩니다. 무작정 아무것도 준비하지 않은 채 무모하게 도전하라는 말이 아닙니다. 그저 규모를 줄여서라도 일단 그 사업을 시작해 보란 말입니다.

만약 제가 광고 회사를 차릴 생각이라면, 3만 원을 받고 광고 이미지를 만들어주는 일부터 시작할 것 같습니다. 그렇게 작게라도 사업을 시작해 고객을 만나다 보면 무엇을 개선해야 할지 방향이 잡힙니다. 서서히 제공하는 서비스를 개선하면서 사업을 키워가면 됩니다. 실력은 책과 강의로 쌓이는 것이 아니라, 일을 벌려 놓고 책임을 지는 과정에서 쌓이는 겁니다.

예비 사업가의 가장 안 좋은 전형은 온갖 책과 강의를 다 소화한 뒤에도 정작 무슨 사업을 해야 할지, 자신이 무엇을 잘하는지 모르는 사람입니다. 그들은 그렇게 너무나 소중한 시간과 돈을 허비해 버립니다. 내가 무엇을 원하는지, 내가 잘할 수 있는 것이 무엇인지 찾고 싶다면 책을 읽고 강의를 듣는 데 모든 시간을 쓰기보다, 이를 아껴 내가 감당할 수 있는 일을 찾아 하나씩 도전해 보는 데 시간을 쓰길 권합니다. 그렇게 하다 보면 분명 찾을 수 있을 겁니다.

실력은
책임을 지는 과정에서 쌓인다.

16

사업은 선한 것이다

사업가라고 하면, 어떤 모습이 떠오르나요? 탐욕적이고 자신의 이익을 위해서라면 물불을 가리지 않는 냉혈한이 떠오를지도 모르겠습니다. 사실 제가 그랬습니다. 언론 매체나 여러 미디어를 통해 사기 행각을 벌여 서민들의 재산을 착복하거나 말도 안 되는 수당을 지급하며 근로 자들의 노동력을 착취하는 사업가들의 사례를 접할 때가 많았으니 그런 이미지를 가질 수밖에 없었지요.

하지만 사회생활을 하며 많은 사업가를 만나고 실제 사업도 해보니, 이러한 사업가에 대한 인식이 얼마나 한쪽으로 치우쳐져 있었는지 알 수 있었습니다. 물론 문제가 많은 사업과 사업가가 없는 것은 아닙니다만, 저는 사업 자체는 굉장히 선한 것이라고 생각합니다.

사업의 기본 구조는 누군가의 문제를 해결해 주면서 돈을 버는 것입니다. 그러니 사업가는 사람들의 문제를 해결하는 사람이죠. 사업가에게 장착된 기본 마인드는 '측은지심惻隱之心'이 아닐까 싶습니다. 이들은 홈페이지를 만드는 법을 몰라 어려움을 겪고 있는 사람에게 홈페이지를 제작해 주고 돈을 벌고, 블로그 마케팅을 하지 못해 매출이 저조한 사업체에 방법을 가르쳐줘서 돈을 법니다. 사업가가 많으면 많을수록 세상의 많은 문제가 해결되는 것이죠.

또한 사업가들은 일자리를 창출하는 사람들입니다. 직원들이 생기면서부터 저 역시 그들의 생계를 책임져야 한다는 부담감을 갖기 시작했는데요. 이처럼 일자리를 창출해 다른 사람의 인생에 실질적인 도움을 줄 수 있다는 것만으로도 참 기쁘더군요. 이러한 이유로 저는, 앞으로 돈을 엄청 많이 벌어서 혹여 일을 하지 않고도 충분히 먹고살 수 있는 형편이 되더라도 사업은 꾸준히 할 것 같습니다. 그렇게 여러 사업을 하며 많은 사람에게 안정적인 일자리를 제공하고 싶습니다.

사업을 하면서 직장생활을 할 때는 좀처럼 느껴보지 못한 보람을 종종 느낍니다. 일을 하며 자신이 하는 일에 자부심을 갖고 보람을 느끼는 것만큼 행복한 일도 없겠다 싶습니다.

17

꼭 직원을 뽑고 규모를 키워야 할까?

저는 종종 사람들에게 "왜 자기 사업을 하지 않으세요?" 라고 묻습니다. 다양한 답변이 돌아오지만 그중 자주 나오는 답변 중 하나가 '직원에게 월급을 주는 것이 두려워서'였습니다. 저도 이런 두려움을 안고 살고 있습니다. 직원이 5명만 돼도 매월 고정비가 최소 1,500만 원 정도 나갑니다. 월급날이 다가올수록 '이 무거운 짐을 어떻게 질 수 있을까?' 고민하게 되죠. 처음에는 이런 고민 없이 많은 직원을 거느릴 수 있어야 진정한 사업가가 될 수 있다고 생각했습니다. 유명한 경영자들과 수많은 비즈니스 서적들이 다수의 직원에게 일을 위임해야만 더 많은 돈을 벌 수 있다고 했으니까요.

그러다가 문득 '꼭 직원을 뽑고 규모를 키워야 할까?' 하는 생각에 다다랐습니다. 사업을 하는 이유가 단순히 규모를 키우기 위해서는 아닐 테니까요. 그러던 중 저널리스트이자 경영 사상가인 보 벌링엄**Bo Burlingham**이 쓴《스몰 자이언츠가 온다 *Small Giants*》라는 책을 접했습니다. 책에서 그는 어느 기업의 사업하는 이유에 관한 글을 소개했습니다. 그 기업은 나 자신의 실력을 갈고닦고, 일하기 좋은 환경을 창출하고, 고객에게 훌륭한 서비스를 제공하고, 파트너들과 좋은 관계를 맺고, 지역 사회에 기여하고, 행복한 삶을 함께 영위하기 위해 사업을 한다고 밝혔습니다.

수익이 중요하지 않다는 말은 아닙니다. 그저 수익만이 유일한 목표나 최우선의 목표는 아니라는 말입니다. 돌이켜보니 제가 사업을 하려고 했던 것도 다른 사람이 원하는 삶이 아니라 내가 원하는 삶을 살아가기 위해서, 내가 가진 탁월함을 더 빛나게 사용하기 위해서, 다른 사람들이 자신의 탁월함을 발견할 수 있도록 도와주기 위해서였습니다.

하지만 사업의 세계에 발을 들이니 어쩔 수 없이 비교하거나 비교당하게 되면서 경쟁과 숫자, 규모 확장, 성장에 매몰되기 십상이었죠. 물론, 이런 것들에 신경을 곤두세우고 키워나가는 것이 나쁘다고 생각하진 않습니다. 저 또한 돈을 좋아합니다. 다만 유니언스퀘어 호스피탤러티 그룹의 CEO인 대니 메이어Danny Meyer가 한 말을 새겨보고자 합니다.

"무엇보다 자신의 영혼을 잃어서는 안 된다. 영혼을 잃으면 사업 확장은 의미가 없다."

그래서 무작정 규모를 늘리기보다 내가 즐길 수 있고, 나의 탁월함이 더 빛날 수 있는 일을 해야겠다고 다짐했습니다. 규모를 늘릴 때는 여러 리스크가 따라옵니다. 먼저, 관리해야 할 인간관계가 늘어나면서 사업에 집중하는 게 힘들어집니다. 40명가량의 직원을 둔 어느 회사의 대표님을 만났는데, 그는 직원 관리가 제일 힘들다고 하소연했습니다. 과거와 달리 개인의 삶과 가치관이 중요해지면서 구성원 간의 충돌 또한 빈번하게 일어나고 있습니다. 실제로 종종 사회적 이슈가 되기도 하죠. 내가 운영하는 회사 내부에서 그런 갈등이 일어난다면 얼마나 속이 탈까요.

물론 사업이 순조롭게 잘 이뤄져서 직원이 필요할 때도 옵니다. 이렇게 직원이 꼭 필요해지면 자신이 감당할 수 있는 수준에서 조금씩 늘려가면 됩니다. 규모는 늘리기는 쉬워도 줄이기는 어렵다는 것도 기억하세요. 사업이 잘되면 직원이 필요하고 직원이 늘어나면 사무실도 커져야 합니다. 그러면 당연히 고정비가 늘어나겠죠. 그렇게 늘어난 고정비를 감당하기 위해서 다시 규모를 늘려야 합니다. 그러다 악순환이 시작될 수 있습니다. 다시 규모를 줄이고 싶어도 갑자기 직원을 해고할 수 없고, 그 규모에 맞게 보유하고 있던 설비나 장비들을 한순간에 처분하기도 쉽지 않죠. 필요 이상의 것은 애물단지가 되어버리고 맙니다.

저는 무조건 규모를 늘려야 한다고 생각하지 않습니다. 적당한 규모로도 나 한 사람 정도는 충분히 먹고살 수 있습니다. 프리랜서를 쉽게 찾을 수 있는 플랫폼, 개발하지 않아도 웹사이트를 제작할 수 있는 솔루션, 디자인 전공자가 아니어도 완성도 높은 디자인을 만들어주는 서비스 등, 1인 회사를 위한 서비스들이 늘고 있습니다. 저도 개발자와 협업하는 대신 홈페이지 제작 솔루션을 이용해 사업을 하고 있습니다. 앞으로 점점 더 직원을 뽑을 이유가 사라질 수 있습니다. 그러니 사업 확장을 너무 서두르지 말길 권합니다.

1

내가 휘두를 무기를 찾아라

사업을 해야겠다고 마음먹었다면, 가장 먼저 무엇을 준비해야 할까요?

사업을 위한 강의를 듣는다? 창업 프로그램에 참여한다? 물론 그것도 필요하겠지만, 저라면 뭐 하나라도 믿을 만한 구석을 만들어 놓는 일부터 할 겁니다. '다른 건 몰라도 이거 하나는 내가 잘하지' 싶은 무기를 만들어야 합니다. 전쟁터에 나가 싸우려면 무기가 필요하죠. 예리한 칼이나 정교한 총이 없다면 투박한 몽둥이라도 가지고 나가 싸워야 합니다.

예를 들어봅시다. 마케팅 대행 사업을 하고 싶다면 카드뉴스를 잘 만든다든가, 상세페이지 디자인을 잘한다든가, 인스타그램 광고를 잘 돌린다든가, 유튜브 영상을 잘 만들어낸다든가, 카피라이팅을 잘한다든가 이 중에서 뭐 하나는 잘하는 게 있어야 하겠죠. 그것이 바로 사업을 시작하는 첫 단추가 될 테니까요.

쇼핑몰 사업을 하고 싶다면 어떻게 해야 할까요? 상품을 고품질로 제작해 줄 공장을 잘 알고 있다든가, 사람을 모을 수 있는 광고 능력을 갖췄다든가, 상품을 멋지게 포장해 낼 디자인 능력이 있다든가 그중 하나는 잘하는 게 있어야 합니다.

이 같은 무기를 갖추려면 어떻게 해야 할까요? 독학으로 습득할 수도 있겠죠. 하지만 저는 관련 회사에서 배우는 것이 가장 좋다고 생각합니다. 긴 시간도 필요 없습니다. 6개월이면 사업에 필요한 기술 하나 정도는 건질 수 있습니다. 회계나 조직관리 등 회사 운영에 필요한 나머지 기술들은 차차 배워도 됩니다.

여기까지 읽었다면, 진지하게 한번 생각해 보세요. '나는 딴 건 모르겠지만 이거 하나는 잘해'라고 할 수 있는 무기, 그것이 무엇인가요? 분명히 있을 테지만 아무리 생각해도 잘 모르겠다면, 배워서라도 갖춰야 합니다.

2

내가 잘하는 게 무엇인지 파악하라

사업을 성공적으로 해나가기 위해서는 내가 무엇을 잘하
는지 객관적으로 파악할 수 있어야 합니다. 사실 모든 것
을 잘할 필요는 없습니다. 저의 경우로 예를 들어볼게요.

저는 콘텐츠 기획과 제작을 잘합니다. 이들 모두 창
의성이 요구되는 일인데, 남다른 창의력이 저의 강점이
기도 해서 이를 발휘할 수 있는 업무에서 빛을 발하는 것
같습니다. 다만 저에게도 약점이 있습니다. 저는 단순 반

복 업무를 힘들어하고 커뮤니케이션 능력은 평범한 편입니다. 이 때문인지 일을 진행하고 완수하기까지의 과정이 다소 순탄치 않은 경우가 종종 있습니다.

제 주변에는 쿠팡 위탁 판매나 온라인 유통 사업으로 큰돈을 버는 사람이 많습니다. 하지만 이는 제가 잘할 수 있는 영역의 사업이 아닙니다. 물론 도전하면 할 수야 있겠지만, 100 정도의 노력을 들여야 70 정도의 결과가 나올 겁니다. 제 강점을 발휘할 수 없기 때문이죠. 반면, 콘텐츠 관련 업무는 제가 70만큼의 노력을 들이면 100 정도의 결과가 나오는 영역이지요.

누구에게나 자신 있는 분야가 하나쯤은 있습니다. 그것이 무엇인지 찾아내야 사업이라는 나무를 어디에 심어야 할지 알 수 있죠. 규모가 작은 회사는 대표의 역량이 곧 회사의 강점이 됩니다. 대표가 잘하는 게 무엇인지, 어떤 분야에 능한지 모른다면 회사 역시 무엇을 잘하는지 모르는 회사가 됩니다.

나의 강점은 어떻게 찾아낼 수 있을까요? 유용한 강점 검사 도구가 여럿 있지만, 경험상 제게 가장 도움이 되었던 것은 당장 일을 해보는 것이었습니다. 누군가를 실망시킬 각오로 말이죠. 하다 보면 내가 잘하는 일과 못하는 일이 가려집니다. 그런 시행착오를 겪으며 적은 노력만으로 좋은 성과가 나오는 분야를 찾아내야 합니다. 그것이 당신의 강점이자 회사의 강점이 될 것입니다.

적은 노력만으로도
좋은 성과가 나오는 일,
그것이 당신의 강점이다.

3

기술이 있으면 굶어 죽지 않는다

"사람은 기술이 있어야 해. 기술만 있어도 평생 굶어 죽을 일은 없다."

살면서 어른들에게 이런 이야기는 한 번쯤 들어보지 않았나요? 어쩐지 '기술'이란 말에서 무거운 연장이라도 들어야 할 것 같은 뉘앙스가 풍겨서 나와 상관없는 이야기처럼 들렸을지 모르지만, 사실 기술의 의미를 확장해 보면 정말 틀린 말이 아니다 싶습니다.

블로그 홍보가 필요한 고객은 블로그를 만들고 이를 통해 홍보하는 기술을 갖춘 사람을 찾습니다. 유튜브 제작이 필요한 고객은 영상 제작 및 활용 기술이 있는 사람을 찾습니다. 만약 당신이 당장이라도 내 사업을 하고 싶지만 적절한 비즈니스 기회를 찾지 못하고 있다면, 당신에게 특별한 기술이 없거나 그 누구라도 할 수 있는 너무 낮은 레벨의 기술을 갖고 있을 가능성이 큽니다.

기술을 갖춘다는 건 내가 해결할 수 있는 문제가 늘어난다는 뜻이며, 이로써 나를 찾는 사람이 생길 수 있다는 의미입니다. 그럼 나를 찾는 사람이 늘어난다는 것은 무얼 의미할까요? 그렇습니다, 돈을 벌 수 있는 기회가 늘어난다는 말입니다.

유튜브를 예로 들어보겠습니다. 당신에게 포토샵 기술이 있다고 합시다. 마침 A라는 유튜버가 자신의 채널에 영상을 올리기 위해 섬네일 디자인이 필요하게 되었습니다. 그렇다면 당신은 당신이 가진 포토샵 기술을 발휘하여 유튜버 A의 섬네일을 만들어줄 수 있습니다.

그 대가로 15,000원 정도의 작고 귀여운 보상도 얻을 수 있겠죠. 하지만 유튜버에게 필요한 것이 오직 섬네일뿐일까요? 영상 촬영과 편집은 물론이요, 브랜딩과 기획, 수익화를 위한 콘텐츠 마케팅 등도 필요할 겁니다. 그런데 당신에게 영상 촬영 및 편집, 기획 등의 기술이 있다면 어떻겠습니까? 유튜버 A가 안고 있는 대부분의 문제를 해결해 주며 더 많은 돈을 벌 수 있을 것입니다. 실제로 사람들이 만나는 문제들 중 대부분은 상위 레벨로 올라갈수록 고차원적인 기술이 요구되기에 대가도 크기 때문이죠. 예를 들어, 한 유튜버가 영상 콘텐츠 사업을 통해 큰돈을 벌려면 다양한 문제를 풀어야 할 겁니다. 여러 가지 일 중 해결하기 쉬운 일부터 어려운 순서로 배열하면 다음과 같습니다.

섬네일 만들기 → 영상 편집하기 → 영상 촬영하기 → 기획하기 → 비즈니스

오른쪽으로 갈수록 해결하기도 어렵고 비용도 많이

투입해야 하죠. 만약 당신이 오른쪽, 즉 상위 포지션에 있는 문제까지 해결할 수 있다면 유튜버 A가 당신을 찾게 될 것입니다. 그럼, 유튜브 영상 제작 관련 사업을 하고자 한다면 어떻게 해야 할까요? 가급적 상위 포지션에 놓인 문제를 해결할 수 있는 기술을 갖춰야 합니다. 그렇게 하지 않으면, 하위 포지션의 문제들을 해결할 수 있는 사람들로 인해 당신의 자리가 쉽게 대체될 수 있습니다.

이러한 이유로 저는 여러 가지 기술과 노하우를 갖추고 배우는 데 열심을 내고 있습니다. 그 덕분에 먹고살고 있죠. 회사에서 배운 디지털 마케팅 기술 덕분에, 독학으로 깨우친 홈페이지 제작 기술 덕분에, 재미로 시작한 글쓰기 기술 덕분에 사람들이 저를 찾고 있고, 이를 통해 사업을 해나가고 있습니다.

많은 기술을 갖추면 그 수만큼 전방위적으로 생각할 수 있게 되며, 해결할 수 있는 문제 또한 많아집니다. 그러니 사업을 준비 중이라면, 기술을 갖추세요. 배움은 당신을 배신하지 않을뿐더러, 배워서 알게 된 것은 시간이 지나도 쉽게 잊히지 않습니다.

앞서 이야기했지만, 기술을 배울 수 있는 가장 좋은 장소는 바로 회사입니다. 회사는 사업을 위해 필요한 기술을 배울 수 있는 최고의 학교입니다. 직장생활을 하면 고객에게 필요한 상품을 만들고, 타깃 고객에게 상품을 판매하며, 또 이렇게 발굴한 고객을 관리 및 유지하는 일련의 과정에 부분적으로 참여하여 경험할 수 있죠. 이런 것들을 학원에 가서 배우려면 얼마나 많은 시간과 비용을 들여야 할까요? 회사에서 배우면 돈 주고 배워야 할 것을 오히려 돈을 받으며 배울 수 있습니다.

구체적으로, 어떤 기술을 익히면 좋을까요? 경영 컨설턴트 댄 록^{Dan Lok}이 자신의 책《부의 마스터키^{Unlock It}》에서 언급한 고소득 스킬 파트를 참고해, 제가 자본주의 사회에서 생존하는 데 필요하다고 생각하는 기술을 떠오르는 대로 나열해 보았습니다.

• 블로그 글쓰기, 상세페이지 제작, 두 줄짜리 짧은 글쓰기, SNS에서 사람 모으기(콘텐츠마케팅), SNS콘텐츠 디자인, 마케팅 기획, 사진 촬영, 웹 디자인, 포토샵, 영상 편집, 영

상 촬영, 절세, 모션 그래픽, 세일즈(하이티켓클로징), 고용 및 관리(기술이 있는 사람과 협업해도 좋다), 컨설팅과 교육(똑똑한 사람보다 잘 가르쳐주는 사람이 돈을 더 많이 번다), 디지털 마케팅, 코딩, 강연, 프레젠테이션, 매력적인 외모(도 기술이라 생각한다.), 타인의 건강을 돕는 일.

사실 먹고사는 데 도움이 되는 기술이 어디 이뿐이겠습니까? 일단 떠오르는 대로 마구잡이로 적어보았습니다. 누군가가 성공하는 데 도움을 줄 수 있는 기술인가 아닌가를 따져서 생각해 본다면, 보다 광범위한 범위에서 이해할 수 있을 겁니다. 이 중에서도 사업을 하는 데 정말 갖추었으면 하는 것은, 마케팅과 디자인 관련 기술입니다. 나열된 기술 중 3~5개 분야에서 중수 이상의 실력을 갖게 된다면 당신의 사업은 훨씬 수월해질 것입니다. 결국 나를 먹여살려 주는 건 대학 간판이나 석·박사 학위가 아닌 이런 기술이라는 것을, 경험으로 알게 되었습니다.

4

많이 실패할수록 성공률은 높아진다

'양질 전환의 법칙'이라는 말을 들어보셨나요? 독일의 철학자 헤겔Georg Wilhelm Friedrich Hegel이 말한 개념으로, 일정한 양이 누적되면 어느 순간 질적인 비약이 이루어진다는 뜻입니다. '양이 곧 질을 만든다'는 이 이야기를 저는 참 좋아합니다. 의미상 차이가 있긴 하지만 저는 이말을 이렇게 좀 바꿔보았습니다.

나의 강점을 찾아 개발하고 사업에 성공하고 싶다
면 최대한 많은 시도를 해봐야 한다.

시도의 양이 계속 누적되면 질적인 비약이 이뤄져
성공에 다다를 수 있습니다. 바다에 그물을 많이 던져야
물고기도 많이 잡을 수 있지 않을까요?

유튜브 에이전시 사업을 하면서 알 수 없는 두려움
과 끊이지 않는 고민이 있었습니다. '과연 내가 만든 영
상이 잘 터질까?' '이렇게 만들면 사람들이 좋아해 줄
까?' 엄청난 조회 수를 기록하는 비법을 배우고 싶어서
좀 더 특별한 강의나 책을 찾아다녔습니다. 계속해서 고
민하다 보니 이런 깨달음이 왔습니다. '내가 이렇게 두려
운 마음이 드는 건, 콘텐츠를 많이 발행해 보지 않아서
그렇구나.'

그 뒤로 저는 영상의 발행 횟수를 2배 이상 늘렸습
니다. 그간 한 달에 8개 정도의 영상을 올렸는데 16개의
영상을 올렸죠. 당연히 쉽지 않았습니다. 더 많은 시간
일하고 더 깊이 고민해야 했으니까요. 그렇게 몇 주를 하

자, 정말 신기한 일이 벌어졌습니다. 조회 수가 잘 나오는 영상들의 패턴이 보이기 시작한 것이죠. 자신감이 붙은 저는 더 적극적으로 콘텐츠를 올릴 수 있었고 결국 많은 콘텐츠가 대박이 나자 구독자도 늘고 조회 수도 크게 점프했습니다.

성공 확률을 높이는 방법은 딱 하나뿐입니다. 해야 할 일을 묵묵히 하면서 지루함을 견뎌내고, 다시 이를 반복하며 끊임없이 시도하는 것. 특별한 성공 비법을 찾아 헤매지 마세요. 뾰족한 수는 없습니다.

5

다지선다가 아닌, 사지선다이다

"저는 어떤 사업을 하면 잘할 수 있을까요?"

사람들이 제게 정말 많이 하는 질문입니다. 그럴 때
마다 무엇이라고 답변해야 하나 정말 고민이 됩니다. 마
음 같아서는 "그걸 제가 어떻게 알아요?" 하며 솔직하게
되묻고 싶을 때도 많습니다.

만약 어떤 사업을 잘할 수 있을지 다른 사람에게 물

어서 결정할 정도로 나 자신에 대한 파악이 잘 안 되었다면, 그냥 사업을 하지 말길 권합니다. 사업을 하려면 제일 먼저 '자기 확신'이 있어야 하기 때문입니다. 이를 바탕으로 의사결정을 하고 행동으로 옮겨야 사업이 시작되는 것이죠.

종이를 펼쳐 놓고 자신이 어떤 사업을 잘할 수 있을지 적어보세요. 생각보다 몇 개 나오지 않을 겁니다. 그런데도 다른 사람에게 이런 질문을 한다는 건 거기까지도 고민해 보지 않았다는 증거입니다. 사업은 100가지 중 하나를 고르는 다지선다형의 문제가 아닙니다. 내가 관심을 가지고 있고 좋아하고 잘할 수 있는 분야 안에서 아이템을 골라야 합니다. 분야는 많아봤자 4개 중 1개일 겁니다.

일단, 종이를 준비해 펼친 후 찬찬히 적어봅시다. 제가 처음으로 내 사업을 해야겠다고 다짐하고, 내가 할 수 있겠다 싶어서 적어본 사업 아이템 목록은 다음과 같았습니다.

스몰 비즈니스 교육 회사

랜딩 페이지 제작 대행사

퍼포먼스 마케팅 대행사

블로그 마케팅 대행사

도서 소개 콘텐츠 회사

마케팅 교육 회사

유튜브 채널 운영 대행사

보다시피, 교육이나 콘텐츠 제작 회사, 마케팅 혹은 채널 운영 대행사 정도였죠. PT숍이나 쿠팡 위탁 판매 같은, 뜬금없는 분야의 일은 선택지에 없었습니다. 대부분의 경우 관심사는 4개 이상을 넘기기 힘들고 그 안에서 다양한 사업으로 세분화될 수 있습니다.

이를 리스트업하는 것도 막막하다면, 일단 관심이 가고 흥미를 느끼는 분야에서 내가 할 수 있는 일과 이와 관련된 사업 아이템을 적어보세요. 그리고 그런 업무를 하고 있는 회사를 찾아보는 겁니다. 그렇게 정리하다 보면 내가 무엇을 좋아하는지 나의 관심과 흥미가 어느 쪽으로 기우는지 조금씩 보이기 시작할 테고, 어떤 사업이 내게 적합한지도 점차 명확해질 겁니다. 다음 페이지의 4가지 항목을 적어봅시다.

1. 관심과 흥미가 끌리는 일 10개를 적어보자면?

....

....

....

....

2. 1번 중에서 3개만 남긴다면?

....

....

....

3. 2번 중에서 내가 잘하는 분야는?

....

....

....

4. 3번에 적은 분야와 관련된 사업이 있다면?

....

....

....

6

삽질한 만큼 건물은 튼튼해진다

사업을 하면 바로 돈을 벌 수 있을까요? 사업 초반에는 '이럴 거면 그냥 직장생활을 하는 게 낫겠는데?' 싶어질 정도로 돈이 벌리지 않습니다. 어쩌다 매출이 발생해도 이를 내기까지 들어간 비용과 광고비, 거기에 세금까지 나가면 인건비도 제대로 남지 않는 경우가 허다하죠. 그러니 사업을 시작한 후 6개월에서 1년까지는 '지금은 돈을 버는 시기가 아니다'라고 생각하는 편이 좋습니다. 이 시기는 사업을 하면서 얼마든지 일어날 수 있는 시행착오를 충분히 겪어가면서 내공을 쌓고, 성공 사례를 차곡차곡 만들어 사업의 기초를 튼튼히 다져가는 때입니다. 너무 조급해하지 마세요.

저도 유튜브 에이전시를 시작한 초반에는 돈을 벌지 못했습니다. 3개월간은 고객의 유튜브를 활성화시키는 데 집중하느라 오히려 나의 시간과 돈을 약속받은 금액보다 더 많이 투자했죠. 시간이 흐르면서 나가는 비용보다 이익이 커졌는데, 저는 그 수익을 재투자했습니다. 직원을 채용하고 장비를 샀으며 교육 프로그램을 수강했죠. 그렇게 1년은 딱 먹고살 수 있을 정도의 금액만 남기고 나머지 수익 모두를 다시 투자한 겁니다. 그렇게 투자한 비용을 모두 회수했느냐고요? 그렇지 않습니다.

상품을 잘못 세팅해 남는 게 전혀 없는 상품을 만들어 팔기도 했고, 섣불리 사무실을 계약했다가 취소하면서 위약금을 물기도 했으며, 직원 채용에 실패하기도 했죠. 이래저래 손해 본 것이 많았습니다. 다만 돌이켜보면 그런 실패 덕분에 내공이 쌓였고, 문제가 발생했을 때 냉

철한 마음으로 이를 마주하는 맷집도 생겼으며, 나름의 노하우도 갖추게 된 것 같습니다.

이처럼 사업 초기는 시행착오를 통해 노하우를 쌓는 기간이라고 생각하세요. 삽질한 만큼 당신의 사업체를 더욱 튼튼하게 지을 수 있을 겁니다.

7

내가 이길 수 있는 판으로 가라

유튜브에서 UFC 파이터 김동현 선수의 경기를 본 적이 있습니다. 그의 별명은 '매미'입니다. 나무에 붙은 매미처럼 상대방에게 딱 달라붙어 경기를 운영하는 스타일 때문에 붙여졌죠. 갑자기 웬 UFC 얘기냐고요? 저는 김동현 선수의 경기를 보면서 그가 경기 흐름을 자신이 유리한 방향으로 이끄는 것을 알아챌 수 있었습니다. 탁월한 레슬링 기술을 갖추고 있는 그는 일부러 옆구리나 다리 쪽에 빈틈을 내줌으로써 상대방이 레슬링 기술을 걸도록 만들었습니다. 상대가 미끼를 덥석 물면, 김동현 선수는 상대가 지쳐서 스스로 게임을 포기할 때까지 끈질기게 괴롭혀서 마침내 승리를 거머쥐었습니다.

누구에게든 유리하고 편한 환경이 있습니다. 당연히 그런 판에서 싸워야 승률이 올라갑니다. 사업을 할 때도 마찬가지입니다. 쿠팡 위탁 판매나 구글 애드센스 사업 시장은 제가 지기 쉬운 판입니다. 하지만 유튜브나 콘텐츠 관련 사업 시장은 제게는 조금 유리한 판이죠. 누군가에겐 온라인 유통 사업 시장이, 또 다른 누군가에겐 애플리케이션 개발 사업 시장이 유리한 판일 겁니다.

유튜브 에이전시 사업을 처음 시작할 때도 저보다 유튜브 영상을 잘 만드는 업체들이 이미 많이 있었습니다. 그들과 싸웠다가는 질 수밖에 없겠다는 생각이 들었습니다. 영상을 멋지게 찍고 만들 수 있는 능력은 제게 없었으니까요. 그래서 제가 유리한 판으로 고객을 끌고 왔습니다.

"저희는 영상을 멋지게 만들지는 못합니다. 촬영기술도 없고, 모션 그래픽을 넣을 수도 없습니다. 다만 성과를 내는 데 조금 더 집중합니다. 화려한 영상이 모두 높은 조회 수를 기록하는 건 아닙니다. 저희는 조회 수를 높이고 구독자를 늘릴 수 있는 영상을 만듭니다."

이렇게 이야기하면서, 저는 클라이언트들에게 영상은 잘 만들지 못해도 성과를 내겠다고 약속했습니다. 기획력과 디자인, 카피라이팅 능력을 조금 더 가미해 직접 유튜브 채널을 기획하고 키우는 데 집중했습니다. 그 결과 다른 업체와 차별화된 전략으로 단기간에 많은 클라이언트를 모집할 수 있었죠.

당신보다 뛰어난 사람이 많아 보이나요? 그럴 때는 당신이 이길 수 있는 판이 어디인가 따져봐야 합니다.

8

좋아하는 일 vs. 잘하는 일

사업을 성공시키려면 좋아하는 일과 잘하는 일 중에서, 무엇에 집중해야 할까요?

결론부터 말하자면, 관심 있는 분야 안에서 일을 찾되 이에 대한 실력을 갖춘 후 그것이 돈이 되게 해야 합니다. 제가 좋아하는 일이 아닌, 관심 있는 분야라고 한 것은 '좋아하는 일'이라는 것이 지나치게 추상적이기도 하고 우리의 변덕만큼이나 쉽게 변하기 때문입니다. 생각해 보세요. 작년에 좋아하던 것을 지금도 좋아하고 있나요? 또 좋아하는지 아닌지에 대한 기준도 명확하지 않아서 그중 하나를 선택하기가 애매합니다. 따라서 그보다 조금 더 넓은 범위인 '관심 있는 분야의 일'을 찾아 나서는 게 현명합니다. 한 개인의 관심 분야는 극적으로 바뀌지 않습니다. 개인적인 판단으로는, 5년 주기로 조금씩 변하는 것 같습니다.

당신의 관심 분야를 발견했으면, 거기서 잘하는 일을 찾아야 합니다. 사실, '잘한다'라는 기준 또한 명확하지 않죠. 그럼 이렇게 생각해 봅시다. '누군가가 내가 만든 제품이나 내가 제공하는 서비스를 돈 주고 구입할 정도는 된다.' 어떤가요? 이 정도는 될 만한 실력을 키워야 합니다. 당신이 아무리 커피를 좋아하고 바리스타 과정을 밟았다고 해도, 정작 당신이 만든 커피가 맛이 없으면 친한 친구나 가족이라도 돈을 주고 그 커피를 사 마시지 않을 겁니다.

하고 싶은 일을 반복하고 부족한 부분을 학습해 개선하다 보면 마침내 일을 잘해낼 수 있습니다. 타인의 부정적인 피드백을 받아들이고 수정하면서 계속 실력을 쌓아간다면 말이죠. 그렇게 당신이 관심 있는 분야의 일을 잘하게 되었다면, 그다음 해야 할 일은 그 일이 돈이 되게 하는 겁니다. 일이 돈이 되려면 사람들의 수요가 있어야 합니다. 이를 '시장성'이라고 부르죠. 예를 들어서, 베이킹에 관심이 있어서 조각 케이크를 만들었고(관심 분야 충족), 맛도 있는데(실력 충족), 가격이 터무니없이 비싸다면(시장성 불충족) 어떨까요? 돈이 되진 않을 겁니다.

따라서 시장성 있는 사업을 찾고 싶다면, 사람들의 관심이 어디 있는지 늘 주의 깊게 살피고, 가볍게라도 시작해서 사람들이 정말 돈을 주고 내 제품이나 서비스를 사는지 테스트해 볼 필요가 있습니다. 책상에 앉아서 시장성을 찾는 건 불가능합니다.

당신은 사람들이 돈을 주고 살 만큼의
실력을 갖추고 있는가?

9

경험에 투자하는 것을 아끼지 말 것

최고의 재테크는 무엇일까요? 저는 단연코 자기 자신에게 투자하는 것이라고 생각합니다. 사업은 결국 대표의 역량을 따라가고 대표가 잘하는 것이 회사의 강점이 됩니다. 대표의 역량을 키우려면 투자해야 합니다. 시간을 투자하든, 돈을 투자하든, 경험을 투자하든, 대표 본인에게 기회를 주어야 합니다.

저는 주식에 투자하듯 매월 약 50만 원 한도로 배움

에 투자하고 있습니다. 막상 수강료를 결제하고 첫 수업을 듣던 날 돈을 날렸다는 생각이 들 정도로 만족도가 떨어졌던 강의도 있었습니다. 돈 아깝다며 부족한 강의를 억지로 수강할 필요도 없죠. 다만 강의를 이렇게 하면 만족도가 떨어지는구나, 이런 수준의 강의도 이 정도 가격에 팔리는구나, 등을 깨닫고 느끼며 그 역시 학습의 기회로 삼을 수 있습니다. 이런 경험들이 내 사업을 꾸려갈 때 중요한 자산이 되기도 합니다.

저는 책도 정말 많이 구입합니다. 온라인 서점이나 SNS 게시물 등에서 책을 접할 때 끌리는 제목이라면 너무 고민하지 않고 바로 결제합니다. 그 책을 첫 장부터 마지막 장까지 전부 읽지 못하더라도 '이런 시장이 존재하는군' '이런 콘셉트로도 상품을 만들 수 있겠구나' 하면서 인사이트를 얻곤 합니다. 그러다가 '인생책'을 발견하기도 하고요. 그것이 제 사업을 하는 데 중요한 역할을 하는 것도 사실입니다.

특히 사업 초기에는 교육과 경험에 투자하는 데 돈을 아끼지 말아야 합니다. 인간은 자신이 경험하지 않은 것은 상상하지 못합니다. 이런 투자는 내 사업을 꾸려나가는 데 필요한 재료들을 미리 많이 구입해 놓는 것이라고 생각하세요. 밥값을 아껴서라도 배움과 경험을 사세요. 물론 사업의 실행을 미루면서까지 경험에만 투자해선 안 된다는 것도 명심하길 바랍니다.

10

1등을 보고 배우자

실력을 가장 빠르게 키울 수 있는 방법이 있습니다. 이미 잘하고 있는 사람을 보고 배우는 겁니다. 미술도, 체육도, 음악도 마찬가지죠. 초반에는 잘하는 사람을 보고 따라 하며 시작하고, 자신만의 개성을 찾아서 발전시켜야 합니다. 사업도 예외일 순 없습니다. 사업을 시작하는 게 막막하다면, 일단 도전하고자 하는 분야의 1등 기업을 분석해 보면서 그들이 하는 모든 것들(디자인, 카피, 마케팅, 콘텐츠 등)을 보고 배우세요.

단, 배운 것을 그대로 카피해서 배포하는 게 아니라, 거기에 자신만의 개성을 덧붙이는 것이 핵심입니다. 1등이 사용한 구성 요소 중에서 부족한 점이 무엇인지 살펴보고, 그것을 어떻게든 채워보세요. 그냥 복사 붙여넣기 하듯이 따라 한다면 비난만 받습니다. 1등 업체가 법적인 대응을 할 수도 있죠. 누가 보더라도 너무 따라 했다 싶을 정도로 참고하는 건 피하세요. 포인트는 아쉬운 점을 찾아서 개선하는 것입니다. 이를테면, 1등 업체의 디자인이 조금 아쉬웠다면 색상을 바꿔보는 겁니다. 1등 업체의 홈페이지 가독성이 떨어졌다면 디자인과 폰트, 배열 등에 변화를 주는 겁니다. 이처럼 1등 업체의 부족해 보이는 부분을 어떻게든 개선해 배포하세요. 유튜브 영상이나 인스타그램의 카드 뉴스도 마찬가지입니다. 일단 많은 사람의 관심을 끈 콘텐츠들을 분석하고 섬네일과 내용이 어떻게 이뤄졌는지 살핀 후, 거기서부터 살을 붙여 나가면 됩니다.

11

3개월, 6개월, 9개월의 법칙

내 사업에서 휘두를 무기를 발견하는 단계에서는, 최대한 많은 사업 모델을 시도해 보는 것이 좋습니다. 바로 이거다, 싶은 걸 찾기 위해서죠. 그럼 시도해 본 사업은 언제 접고, 언제 다른 사업을 시작해야 할까요? 여러 사업을 하다 보면 이 사업을 하는 게 좋을지 저 사업을 하는 게 좋을지는 물론이요, 이런 역량을 키워야 할지 저런 역량을 키워야 할지 등, 수도 없는 고민이 끊이지 않을 겁니다. 다만 시도해 본 사업은 3, 6, 9개월 주기로 점검하는 것이 좋습니다.

예를 들어, 랜딩 페이지 제작 사업을 해야겠다는 생각이 들었다면, 자신에게 3개월 정도의 기한을 주고 도전해서 사업을 테스트해 보는 겁니다. 3개월만 해봐도 더해야 할지 말지 판단이 설 겁니다. 만약 3개월이 지난 시점에도 해볼 만하다는 생각이 든다면 또다시 추가로 3개월의 기한을 더 줍니다. 그렇게 하면 잘되든 안 되든 결과가 나올 겁니다. 그 결과에 따라 다시 3개월의 기한을 더 줄지 말지를 결정하면 되겠죠. 이처럼 3개월 주기로 내 사업의 지속 여부를 점검해 보길 권합니다.

물론 그 주어지는 3개월 동안은 최선을 다해야 합니다. 온라인 강의를 듣거나 사람들을 만나러 다니는 데 3개월을 쓰지 않길 바랍니다. 이 단계의 핵심은 실행의 빈도수를 늘리는 겁니다. 3개월만 해봐도 답이 나옵니다. 그렇게 1년이면 4개의 사업을 시도해 볼 수 있습니다. 사실 저는 그 주기를 더 짧게 짰습니다. 1개월을 3개월처럼 쓰면서 1년에 약 10개 정도의 사업을 시도해 봤죠. 그 덕분에 가장 성과가 좋았던 유튜브 채널 에이전시 사업에 집중하게 되었습니다.

당신에게도 아이디어가 떠올랐나요? 그때부터 딱 3개월을 디데이D-day로 잡고 최선의 노력을 기울여 보세요.

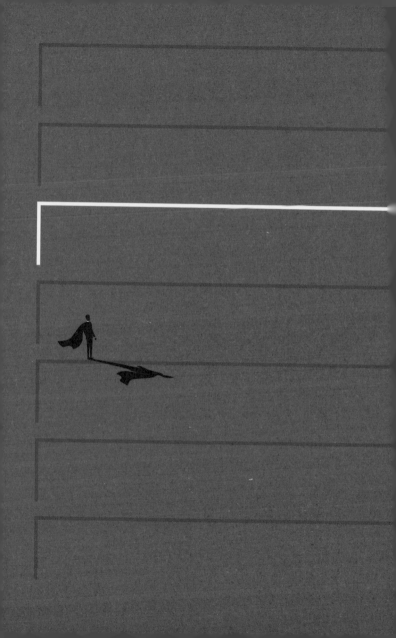

1

내 사업을 찾는 6개의 문

저는 대학생 때부터 사업으로 성공하고 싶다는 강한 열망을 품었습니다. 그래서 20대 시절 내내 수도 없는 시행착오를 겪었죠. 2013년 즈음에는 벤처 열풍도 거셌습니다. 투자를 받고 사업을 시작해 큰돈을 버는 주변 사람들의 모습에, 나도 빨리 저렇게 되고 싶다고 생각했죠. 돈이 된다는 아이템만 있으면 모두 따라 해본 것 같습니다. 그런데 쇼핑몰이나 애플리케이션, 공연 기획사 등 시도하는 사업마다 결과가 썩 좋지 않았습니다.

수많은 시도를 해본 끝에, 유튜브 하나가 터지게 되었습니다. 월수입이 크게 늘면서 말 그대로 '퀀텀 점프 quantum jump(낮은 에너지 준위에 있는 양자가 높은 에너지 준위로 이동하는 일을 일컫는 물리학 용어이나, 경제학에서 기업이 사업 구조나 사업방식 등의 혁신을 통해 단기간에 비약적으로 실적이 호전되는 것을 말한다)'를 하게 되었습니다. 인생이 한 단계 레벨 업이 된 듯했죠. 이런 결과를 얻은 뒤에는 새로운 고민이 시작됐습니다. '왜 예전에는 안 터지다가 지금 터진 것일까?' 생각을 거듭한 끝에 하나의 답이 도출되었습니다.

<u>'나에게 맞는 사업을 찾았기 때문이다.'</u>

그렇습니다. 실력이 부족한 탓도 없진 않았겠지만, 분야를 잘못 골랐던 게 실패의 가장 큰 원인이었던 겁니다. 사실 저는 다소 예민한 편이고 혼자 일하는 것을 좋아하며 콘텐츠에 관심이 많은 사람입니다. 그런데 쇼핑

몰이나 애플리케이션 창업은 그런 저에게는 맞지 않는 옷이었죠. 특히 쇼핑몰을 운영하면서 가장 힘들었던 건, 거래처 사장님들과 같이 술을 마시는 일이었습니다. 거래처와 좋은 관계를 맺으려면 무조건 함께 술을 마시며 친해져야 한다는 선입견과 강박에 사로잡혀 술도 잘 못 마시면서 부르는 자리마다 빠지지 않으려고 애썼습니다. 시간이 지날수록 그런 자리가 내성적인 저에겐 버거움으로 쌓여갔습니다.

물론 무슨 일이든 원하고자 하는 목표를 이루려면, 다소 불편한 것이라도 견디면서 나의 기질이나 성격, 가치관을 조금 내려놓고 수정할 필요도 있습니다. 하지만 유튜브 같은 콘텐츠 기반의 사업을 시작하자 완전히 달라졌습니다. 비로소 나에게 딱 맞는 치수의 옷을 입은 것처럼 편안해졌죠. 지금도 저는 수억 원짜리 비즈니스를 하고 있지 않습니다. 정확히 말하자면, 못 하는 겁니다. 하지만 제가 무엇을 바라는지 곰곰이 생각해 보았습니다. 결국 이것 1가지였습니다.

'단돈 100만 원을 벌더라도 나에게 맞는 일을 즐겁게 하는 것!'

내가 가진 탁월함을 제대로 발휘할 수 있는 일을 하고 싶었습니다. 그래서 이번 장에서는 제가 수년간 나 자신에게 딱 맞는 사업을 찾아 헤매면서 알게 된 6개의 사업 유형을 공유하고자 합니다. 이를 6개의 방으로 비유해 보았습니다. 당신도 이를 바탕으로 자신만의 비즈니스를 기획하는 방법을 배울 수 있을 것입니다.

나에게 맞는 사업을 찾을 때 비로소 터진다!

2

첫 번째, 대행 사업의 방

대행 사업이란, 사람들이 못 하거나 하기 싫어하는 일을 대신 해주고 그에 대한 대가로 돈을 지급받는 일을 말합니다. 브랜드의 로고나 웹페이지를 대신 만들어준다든가, 블로그를 대신 운영해 주거나, 만들어진 제품을 대신 마케팅해 준다든가 하는 일이죠. 대행 사업의 분야는 정말 넓고 그 수도 많습니다. 저 또한 마케팅 콘텐츠를 대신 만들어주거나 홈페이지를 대신 만들며 돈을 벌고 있죠. 그럼 대행 사업에 관해 자세히 파헤쳐 볼까요?

(1) 수익 구조

수고비를 받습니다. 고객이 요청한 업무를 대행한 대가로 지급받는 것이죠. 보통 1인의 인건비, 혹은 시간당 비용을 기준으로 책정됩니다.

(2) 장점

대행 사업은 수요가 많은 시장입니다. 특히 제품을 만들 필요가 없기에 빠르게 수익을 실현할 수 있습니다. 하면 할수록 노하우가 쌓여 실력이 늘고 실행 시간은 단축됩니다. 홈페이지 제작 대행 사업을 한다고 해봅시다. 처음 시작할 때는 헤매더라도 홈페이지를 10개쯤 만들면 노하우가 생겨 일 처리 속도가 크게 단축되어 빠르게 완수할 수 있죠. 단가도 괜찮은 편입니다. 보통 월 기준 단가로 책정되는데, 홈페이지 제작 건당 월 200만~300만 원정도를 받을 수 있다면 홈페이지를 2개만 만들어도 한사람이 먹고사는 데 지장이 없죠.

(3) 단점

다른 사람이 해야 할 일을 대신 해주는 것이다 보니, 힘듭니다. 고객을 만족시키는 데 많은 에너지를 사용하게 되죠. 업무 자체가 노동집약적입니다. 고객이 늘면 일을 해야 하는 사람도 같이 늘어야 합니다. 또 진입장벽이 높지 않아서 많은 경쟁사가 존재합니다.

(4) 시작하는 법?

일단 누군가를 대신해 할 수 있는 기술이 있어야 합니다. 그러한 기술을 회사에서 배우든, 지인한테 배우든, 어떻게 해서든 기술을 갖추는 게 우선입니다. 특히 처음 시작할 때는 기술을 활용해 성공한 사례가 없을 테니 지인의 소개를 받아서라도 대행 업무를 해보고 성공 사례를 만든 후에 이를 홍보하는 것으로 판매를 시작할 수 있습니다. 초반에는 '크몽'이나 '숨고' 같은 자신의 재능을 공유할 수 있는 플랫폼에서 홍보를 시작해 보세요. 그렇게 고객을 한 명 한 명 늘려가다 보면 언젠가 대형 고객을 만나거나 장기 계약을 맺는 등 더 좋은 기회를 얻을 수 있습니다.

(5) 적합한 인재 유형

대행 사업에서 가장 중요한 것은 마감일을 잘 지키는 것입니다. 대신 해주기로 한 업무를 처리하기로 약속한 시일을 잘 지켜서 해내는 능력이 요구됩니다. 또한 신규 고객을 영입하고 기존 고객을 유지하는 데 많은 에너지가 사용되므로 굳이 MBTI로 구분하자면, T(사고형)나 J(판단형) 성향이 강한 사람에게 잘 맞을 겁니다(MBTI를 맹신할 수는 없으니 참고만 해주세요).

3

두 번째, 교육 사업의 방

교육 사업은 말 그대로, 누군가에게 필요한 지식이나 노하우를 가르쳐주어 고객의 문제를 해결하는 사업입니다. 영어나 코딩 같은 지식을 알려주거나 사업, 쇼핑몰 창업 등의 노하우를 전수하는 교육일 수도 있겠죠.

(1) 수익 구조

수강료로 돈을 법니다. 가격은 교육 방식에 따라 천차만

별입니다. 일반적으로 온라인 강의는 3만~20만 원, 기간이 4주 이상 소요되는 경우엔 30만 원 이상이며, 수강생과 일대일로 밀착해서 장기간 교육이 필요한 경우에는 100만 원이 넘기도 합니다.

(2) 장점

일단 관련 지식이 충분하다면, 자본이 없어도 시작할 수 있습니다. 수강생을 가르치면서 계속 배울 수 있으므로 지식이 쌓일 수밖에 없습니다. 재고나 재료비가 없으므로 가성비가 좋고 큰 교육장을 임대하는 등 사업을 크게 벌리지 않는 한, 혹여 실패한다고 해도 타격이 크지 않습니다. 수강생을 모집하는 순간부터 혹은 강의를 시작하는 동시에 수강료를 받을 수 있으므로 현금흐름도 좋습니다. 온라인 강의일 경우에는 면대면으로 수강생을 직접 가르치지 않아도 되므로 더욱 효율적인 비즈니스가 될 수 있습니다. 이러한 이유로 1인 기업가들이 많이 도전하는 분야이기도 합니다.

(3) 단점

수강생을 모집해 가르칠 수 있는 충분한 지식을 갖추고 있어야 합니다. 이를 위해 끊임없이 공부해야 하고, 늘 수강생을 만족시켜야 한다는 압박감을 받을 수 있습니다. 경쟁이 치열한 편이라 퍼스널 브랜딩이 되어 있지 않으면 성과를 내기 어렵습니다. 제품이 곧 나 자신이므로 경쟁자와의 차별성과 탁월함이 필요하고, 수강생 및 타인의 평가에 예민해질 수밖에 없죠.

(4) 시작하는 법?

사람들이 필요로 하는 지식을, 누군가를 가르칠 수 있을 정도로 풍부하게 가지고 있어야 합니다. 그것이 영어이든 요리이든 혹은 테니스이든, 한 분야를 골라서 탁월함을 인정받기까지 깊게 파야 합니다. 충분한 지식을 갖추었다면 그다음엔 SNS 팔로어를 쌓든 자격증을 따든, 그게 아니라면 작게라도 시작해 강의에 만족한 수강생을 얻든, 크게 돈을 벌었든 해서 '권위'를 얻어야 합니다. 여기까지 완수했다면 교육 프로그램을 짜고, '크몽'이나

'탈잉' 같은 재능을 판매할 수 있는 플랫폼에 제안하면 됩니다. 그렇게 시작해 수강생을 얻고 그들의 만족도 높은 평가를 받아 인지도까지 쌓이면 계속해서 많은 사람이 찾는 순으로 선순환이 이뤄질 겁니다.

(5) 적합한 인재 유형

공부를 통해 지식을 쌓는 것을 좋아하며, 타인을 성장시키는 데 보람과 재미를 느끼는 사람. 언변이 뛰어나고 지식을 타인에게 쉽게 설명할 수 있는 사람에게 추천합니다. MBTI 유형으로 보자면 F(감정형) 성향의 사람에게 잘 맞는 편입니다.

4

세 번째, 제품 사업의 방

제품 사업이란 손으로 만질 수 있는 제품을 직접 만들어 팔거나 누군가가 만든 제품을 대신 팔아주는 사업을 말합니다. 피부에 좋은 재료로 마스크팩을 직접 제작해서 팔 수도 있고, 직접 손으로 그린 일러스트로 캘린더를 만들어 팔 수도 있죠. 또 고모네 과수원에서 재배한 무농약 사과를 가져와 판다든가, 중국에서 제작한 운동기구를 저렴하게 떼와서 팔 수도 있습니다.

[1] 수익 구조

제품을 팔아서 얻는 판매비입니다. 내가 직접 만든 제품이 아닐 경우에는 이를 대신 판매해 준 데 대한 수수료를 받습니다. 이를 유통비, 유통마진이라고 부르죠.

[2] 장점

앞서 소개한 두 사업에 비해 사업의 확장성이 큰 편입니다. 아무래도 무형의 콘텐츠나 서비스를 구매하는 사람에 비하면 제품을 구입하는 사람의 수가 훨씬 많기에 시장 규모가 크겠죠. 또한 직접 제품을 만드는 경우 손으로 만질 수 있는 유형의 상품인 만큼, 무언가를 창조해 낸다는 점에서 보람과 재미도 느낄 수 있습니다.

[3] 단점

시장 경쟁이 치열한 편입니다. 많은 사람이 필요로 하는 물건은 이미 세상에 다 있다고 봐야 합니다. 결국 생산자는 사람들이 미처 생각지도 못한 새로운 필요를 찾아내야 하죠. 또한 제품 사업은 유행을 타기도 합니다. 제품을 제작해야 하므로 초기 비용이 들고, 재고가 쌓일 위험이 있다는 것도 단점입니다. 경우에 따라 다르지만, 일반적으로 마진율은 높지 않은 편입니다.

(4) 시작하는 법?

직접 제조한 제품을 판매할 경우, 성패의 관건은 리스크를 줄이는 데 있습니다. 제품을 기획한 뒤에는 바로 대량 제작하기보다 목업을 만들어서 크라우드 펀딩으로 시작하는 게 좋습니다. 어떻게든 고객을 얻은 뒤 만들어야 위험을 줄일 수 있기 때문이죠. 그렇게 1차로 판매한 제품에 대한 고객 반응을 살핀 뒤 제품을 차차 발전시켜나갈 것을 추천합니다. 또한 이미 시중에 나와 있는 제품이라면, 브랜딩 작업을 거쳐 '이야기가 담긴' 제품을 만드는 것이 유리합니다. 예를 들어, 토마토를 팔 계획이라면 기존 제품보다 싸게 파는 것 외에는 마땅한 차별화 전략이 없을 수 있습니다. 이럴 때는 '장모님 토마토'라는 이름을 붙이고 장모님이 사위를 먹이기 위해 온갖 정성으로 키운 토마토라는 이야기를 더한다면 소비자들에게 한층 기억에 남는 매력적인 제품으로 인식될 겁니다. 단, 거짓말은 금물입니다.

(5) 적합한 인재 유형

제품 하나를 만들더라도 여러 사람의 협업이 필요하고 많은 거래처와 일해야 하기에, 사람을 잘 상대하고 협상도 잘해야 합니다. 물론 제품을 직접 제작할 경우엔 창의성도 요구되고 빠른 시장 대응력도 필요할 겁니다. MBTI 유형으로는 T(사고형)나 P(인식형) 성향의 분들에게 추천합니다.

제품에 이야기를 담을 것!

5

네 번째, 콘텐츠 사업의 방

콘텐츠 사업은 사람들에게 정보를 제공하거나 대중이 재미를 느낄 수 있는 글이나 영상, 오디오 등을 제작해 제공하는 사업을 말합니다. 뉴스레터를 발행하거나, 재밌는 영상을 만들어 제공하거나, 듣기 좋은 음악을 편집해 제공하는 것처럼 말이죠.

(1) 수익 구조

대부분은 유튜브처럼 제작한 콘텐츠를 무료로 발행하고 많은 사람이 볼 수 있게 한 후, 그 트래픽을 바탕으로 기업의 광고를 받아 수익을 냅니다. 멤버십이나 월간 구독제로 콘텐츠 자체를 유료로 제공하는 경우도 있습니다.

(2) 장점

콘텐츠라는 제품의 특성상 제작하는 재미가 있습니다. 진입장벽이 낮은 편이라 누구든 쉽게 시작할 수 있습니다. 이 시대 제일 주목받고 있는 사업이다 보니 성장의 폭도 큽니다. 또한 콘텐츠를 통해 잠재고객을 많이 모을 수 있다는 점에서 교육 사업이나 제품 사업 같은 다른 사업으로 확장할 때도 유리합니다.

(3) 단점

진입장벽이 낮은 만큼 경쟁도 치열합니다. 콘텐츠 사업의 본질은 사람들의 시간을 누가 더 많이 빼앗느냐 하는 겁니다. 그런데 그 시간을 노리는 경쟁자들이 너무 많습니다. 또한 제작한 콘텐츠로 사람들의 관심과 사랑을 받기까지의 과정이 지난한 데다 수익화하는 데도 다소 많은 시간이 소요되는 편입니다.

(4) 시작하는 법?

일단 콘텐츠 제작 능력이 있어야 합니다. 특히 말을 잘하거나 글을 잘 써야 합니다. 그런데 이런 능력은 쉽게 키워지는 것이 아니기 때문에 빠르게 승부를 내려는 생각을 버려야 합니다. 또한 현금흐름이 빠르지 않으므로 부업으로 시작한 뒤 점차 확장해 나가길 추천합니다. 만약 지금 시작한다면 후발주자이므로 검증된 콘텐츠를 기반으로 차별화해야 합니다. 이럴 때는 시장을 잘게 쪼개서 뾰족한 기획으로 접근하는 전략이 유리합니다. 유튜브를 예로 들자면, 현재 인터뷰 채널의 인기가 가장 높다면 '엄마'들만 인터뷰하는 채널이라든가 '10대'들만 인터뷰하는 채널 같은 걸 만드는 겁니다. 이미 콘텐츠 시장에는 대중들의 시간을 빼앗으며 그들을 만족시키고 있는 수많은 콘텐츠가 있으므로 오히려 특정 타깃으로 좁혀 그들을 만족시킬 수 있는 콘텐츠를 만들어 조금씩 확장해 나가는 것이 좋습니다.

(5) 적합한 인재 유형

콘텐츠 특성상 대중의 마음을 사로잡으면서도 어디서도 쉽게 듣지 못한 새로운 이야기를 창조해 내는 능력이 필요합니다. MBTI 유형에서는 F(감정형)나 P(인식형) 성향을 가진 사람에게 추천합니다.

6

다섯 번째, 중개 사업의 방

중개 사업이란 제삼자로 개입해 두 당사자를 연결시켜 거래할 수 있는 기회를 만드는 일을 말합니다. 쉽게 말해, 장터를 만드는 사람이라고 보면 됩니다. 이를 플랫폼 사업이라고도 부르죠.

부동산 매수자와 매도자를 연결한 뒤 중개 수수료를 챙기는 부동산 중개인이 바로 중개 사업을 하는 대표적인 사례이죠. 뿐만 아니라 광고주와 광고업체를, 강사와 수강생을, 영상제작자와 구독자를 연결하는 것도 중개 사업이라 할 수 있습니다.

[1] 수익 구조

중개 수수료를 받습니다. 일반적으로는 3%, 많을 때는 20% 이상을 받을 수도 있습니다.

[2] 장점

'상품을 팔면 돈을 얻지만 플랫폼을 만들면 부를 얻는다' 라는 말이 있습니다. 잘 만든 플랫폼은 막강한 영향력을 지니게 됩니다. 사실 플랫폼 사업자가 직접 클라이언트로부터 프로젝트를 하달받고 시행하는 건 아니므로, 고객이 아무리 많이 증가한다고 해도 효율적으로 운영할 수 있습니다. 예를 들어, 영상 제작자와 영상 제작이 필요한 사람을 연결해 주는 기업 '두둠'만 해도, 거래하는 장터만 만들어놨을 뿐 직접 영상 제작은 하지 않기에 아무리 영상 제작을 원하는 고객이 늘어도 큰 무리 없이 운영할 수 있죠.

[3] 단점

플랫폼을 구축하는 것 자체가 어렵습니다. 또한 플랫폼 시장의 가장 큰 특성이 '양면 시장'이라는 것인데, 이처럼 최소 2명 이상의 고객 모두를 만족시켜야 하는 일은 결코 쉽지 않습니다. 대부분의 경우 개발하는 데 다수의 시간과 장소가 필요하기에 빠르게 시작하기 어렵고 활성화되기까지도 꽤 긴 시간이 소요됩니다. 개발 리소스가 필요한 것도 사업을 어렵게 만듭니다.

[4] 시작하는 법?

제가 생각하는 중개 사업에는 2가지 유형이 있습니다. 하나는 '크몽'이나 '쿠팡'처럼 누구든 올릴 수 있는 오픈형 플랫폼이고, 다른 하나는 어느 정도 큐레이션을 거쳐야 하는 에이전시형 플랫폼입니다. 다만 개발 능력이 없는 상황이라면 처음 진입하기에는 후자가 좋다고 봅니다.

예를 들어, 앞서 말한 영상 편집자와 영상이 필요한 기업을 연결해 주는 사업을 하고 싶다면 대략 10~20명 정도의 영상 편집자에게 연락해서 협업 관계를 만드는 겁니다. "영상 편집 에이전시를 만들었는데, 들어오실래요?"라고 가볍게 제안할 수 있을 겁니다. 그다음에는 영상 제작이 필요한 기업을 찾아 "우리 에이전시는 유능한 영상 편집자들을 20명 정도 보유 중인데, 적절한 사람을 소개해 드리겠습니다" 하며 홍보하는 거죠. 이렇게 두 당사자를 소개하고 중개료를 받으면 됩니다. 사실 우리가 흔히 볼 수 있는 인력 사무소들이 이와 같은 방식으로 운영되고 있습니다.

(5) 적합한 인재 유형

플랫폼을 구축하기까지는 기획해야 할 요소들이 상당히 많습니다. 또한 중개 사업의 특성상 여러 사람과의 약속을 지키고 끝까지 책임을 질 수 있는 역량이 요구됩니다. MBTI 유형으로 보자면 N(직관형)이나 J(판단형) 성향이 있는 사람에게 추천합니다.

7

여섯 번째, 시스템 사업의 방

여기서 말하는 시스템이란 본인이 만든 '환경'이라고 보면 이해하기 쉽습니다. 환경을 미리 만들어 놓고 이를 이용하는 사람들에게 이용료를 받는 사업입니다. 시스템에는 2가지가 있는데, 온라인 모임이나 구독제 유료 커뮤니티 같은 커뮤니티형 시스템과 '판다랭크'나 '망고보드' 같은 IT 솔루션을 제공하는 솔루션형 시스템입니다.

(1) 수익 구조

해당 시스템을 사용하는 사람들로부터 이용료(참가비)를 받습니다.

(2) 장점

환경을 한 번 세팅해 놓으면 크게 바뀌지 않으므로 사업을 유지하는 데 비용이 크게 들어가지 않는 편입니다. 처음에 세팅하는 것은 어려워도 일단 하고 나면 확장성이 크고 비슷한 모델로 복제하기도 쉽습니다. 이를테면 디자인을 쉽게 만들 수 있도록 돕는 '망고보드'라는 서비스는 고객이 10명에서 1,000명으로 갑자기 늘어난다고 해도 상관이 없습니다.

(3) 단점

대부분은 자동화해야 하는 일이다 보니 사전 기획부터 빈틈없이 잘해야 합니다. 시스템은 처음 구축할 때 초기 비용도 많이 들고 구축하기까지 시간도 오래 소요됩니다. 시행착오도 많을 수 있습니다. 개발이 필요한 사업이라면, 진입장벽이 높습니다.

(4) 시작하는 법?

온라인 시스템 사업은 자신에게 그 시스템을 개발할 역량이 없다면 시도하지 않는 편이 좋습니다. 개발자와 동업하거나 '아임웹' 등을 이용한 노코드 툴을 적극 활용해 시작할 수 있습니다. 다만 이를 제품화하기까지는 시간이 오래 걸리므로 일단 SNS로 잠재고객을 모아두는 것이 유리합니다.

(5) 적합한 인재 유형

발명가 기질을 타고나고, 시스템을 만들기까지의 지난한 과정과 시간을 버텨낼 수 있는 인내심을 가진 사람이어야 하며, 대중의 행동을 예측해 내는 기획력도 뛰어난 인재여야 합니다. MBTI 유형으로 보자면, N(직관형)과 J(판단형) 성향의 사람들에게 추천합니다.

8

예제를 활용한 연습

이제 앞서 소개한 6가지의 사업을 활용해서 나에게 맞는
사업의 방을 찾아가는 연습을 해보겠습니다.

6가지 사업 분야에서 당신이 할 수 있는 일을 하나
씩 찾아보는 겁니다. 적성에 맞는 사업을 찾은 것만으로
대박이 나는 사업을 찾았다고 볼 순 없습니다. 찾는 것과
이를 실행에 옮기는 건 다른 문제이니까요. 게다가 당신
이 찾은 사업 아이템 모두가 현실화할 가능성이 크거나

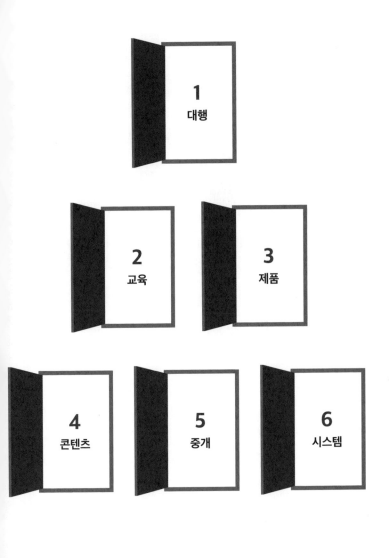

시장성이 있는 건 아닐 겁니다. 그렇지만 일단 여러 방향으로 기획해 보고 그중 하나씩 시도해 보는 게 중요합니다. 그러다 그중 하나가 터질 가능성이 큽니다.

일단, 당신이 좋아하는 분야나 잘할 수 있는 일을 하나 골라봅니다. 제가 좋아하고 잘하는 '마케팅'을 예로 들어볼게요. 마케팅 실력을 갖춘 제가 6개의 문을 열고 들어간다면 무엇을 할 수 있을까요?

첫 번째, 대행의 방에서는 마케팅 대행 사업을 할 수 있을 겁니다. 마케팅이 필요한 영역은 너무나도 많습니다. 블로그 마케팅, 유튜브 운영, 브랜드 마케팅, 인스타그램 마케팅처럼 이렇게 특정 분야를 기준으로 마케팅 대행업을 할 수도 있고, 의사나 변호사, 음식점, 프랜차이즈, 쇼핑몰 등 업종별로 홍보 마케팅 대행을 해도 될 겁니다.

두 번째, 교육의 방에서는 효과적인 마케팅 방법을 온라인을 통해 가르치거나, 3개월간 집중적으로 마케팅 전반에 대해 알려주는 교육 프로그램으로 확장할 수도 있겠죠.

세 번째, 제품의 방에서는 클릭률이 압도적으로 높았던 마케팅 카피 100개를 모은 서적을 만들어서 팔 수도 있겠고, 유명 마케터들의 인터뷰집을 만들어서 파는 것도 가능할 것 같습니다. 그럼 출판사가 되겠네요.

네 번째, 콘텐츠의 방에서는 무엇을 할 수 있을까요? 마케팅 인사이트를 담은 뉴스레터나 광고 트렌드를 담은 유튜브 영상을 제공하는 사업은 어떨까요? 양질의 내용을 담아서 유료로 판매하든가, 무료로 배포하면서 기업의 광고를 받아 수익을 내는 것도 가능합니다.

다섯 번째, 중개의 방에서도 마케팅을 효과적으로 해주는 업체나 마케팅에 필요한 영상을 제작해 주는 업체를 소개하는 사업을 할 수 있을 것 같습니다. 프리랜서 영상 마케터들을 기업과 연결하는 일도 가능하겠네요.

여섯 번째, 시스템의 방에서도 할 수 있는 일이 많습니다. '아임웹'에 마케팅 소스를 미리 모아 놓고 유료 결제자만이 해당 자료를 볼 수 있는 마케팅 유료 커뮤니티를 만들어도 좋겠네요. 개발 능력이 있다면 카피라이팅을 조금 더 쉽게 만들어주는 솔루션이나, 마케팅 트렌드를 찾을 수 있게 돕는 솔루션을 만드는 것도 가능합니다.

이처럼 각 방에서 여러 가지 사업 아이디어를 얻을 수 있지만, 좀 더 시너지를 내고 사업을 확장시키고 싶다면 방법이 있습니다. 바로, 여러 방을 연결하는 것이죠. 가령, 대행 사업을 하면서 쌓인 인사이트를 통해 교육 사업을 한다든가, 콘텐츠 사업을 하면서 모은 잠재고객을 바탕으로 제품 판매 사업을 한다든가 하면 사업의 시너지가 날 수 있습니다.

이렇게 하나하나 사업을 구상하고 내가 좋아하고 내가 잘할 수 있을 것 같은 사업을 선택해 실행해 보세요.

여러 개의 방을 연결하면
사업은 더욱 확장된다.

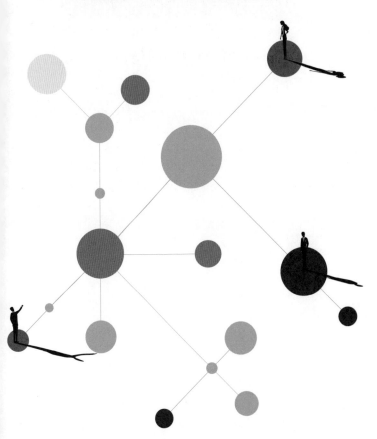

1

비즈니스 모델 캔버스 작성하기

이번 단계에서는 비즈니스 모델 캔버스를 활용해 나에게 맞는 사업을 구체적으로 만들어보고자 합니다. 스타트업에 관심 있는 사람이라면 비즈니스 모델 캔버스가 낯설지 않을 겁니다. 저도 다양한 캔버스를 접했는데, 소규모 비즈니스에 적용하기에는 무리가 있었습니다. 그래서 최적화된 모델을 찾다가 직접 개발하게 되었습니다. 이름하여 '스몰 비즈니스 모델 캔버스'입니다.

스몰 비즈니스 모델 캔버스			
타깃			니즈
1. 연령 & 성별	2. 직업	3. 관심사	
누구의			어떤 문제를
15~20			
20~25			
25~30	여성		
30~35			
35~40			
40~45			
45~50	남성		
50~55			
55~60			

솔루션		수익 모델
어떤 방식으로 해결해 주나		돈은 어떻게 벌 것인가
대행 마케팅 대행, 블로그 키워주기, 청소		**수수료** 소개 비용
교육 컨설팅, 강의, 상담, 코칭, 온라인 강의		**판매 수익** 물건, 정보, 콘텐츠
제품·제작 식품, 의류, 생활용품	+	**대행비** 수고비
콘텐츠 뉴스레터, 유튜브 채널, 인스타그램		**광고비** 다른 회사 홍보
중개 부동산, 플랫폼		**구독료** 글, 영상, 콘텐츠
시스템 제공 커뮤니티, 솔루션		**참가비** 모임, 수강료
		사용료 어도비, 임대료, 렌트

이번 4단계에서 캔버스 작성을 통해 이뤄야 할 목표는 2가지입니다. 첫 번째는 BQ^business quotient, 즉 비즈니스 지능 지수를 향상시키는 겁니다. 사실 BQ는 제가 만들어낸 단어인데, 지능 지수를 뜻하는 IQ처럼 무언가를 사업화할 수 있는 지능 지수를 의미합니다. BQ가 높은 사람은 남들과 똑같은 상황에 놓여도 사업의 기회를 잘 포착할 수 있습니다. IQ는 선천적 영향이 크지만, BQ는 후천적인 훈련을 통해 얼마든지 높일 수 있습니다. 그래서 우리는 이 스몰 비즈니스 모델 캔버스를 바탕으로 BQ를 증가시키는 훈련을 하게 될 겁니다. 여기서 사업 기획의 기초가 되는 근력을 키우고자 합니다.

두 번째 목표는, 나만의 사업을 만들고 명확하게 설명하게 되는 것입니다. 훈련을 받았다면 실전에 돌입해야 하죠. 말로 명확하게 설명할 수 없는 사업이라면, 본인조차 이를 제대로 이해하지 못하고 있다는 증거입니다. 그렇다면 고객들도 당연히 이해하지 못할 테고, 당신이 제공하는 제품이나 서비스를 이용할 확률도 줄겠죠.

그럼, 본격적으로 사업을 구상해 봅시다.

명확하게
설명할 수 없는 사업은
고객에게 외면받는다.

비즈니스는 상대적입니다. 타깃을 설정하는 것이 중요한 이유입니다. 가장 먼저 생각해야 할 것은, 누구를 위한 서비스를 만들 것인지입니다. 하지만 아직도 내가 어떤 사업을 해야 할지 확신이 서지 않았다면, 보통 자신의 나이에 플러스, 마이너스 5살을 계산해 그 연령대 소비자를 타깃으로 정해 보세요. 그 시장이 당신이 타깃으로 삼기에 유리한 시장입니다. 이렇게 본인 나이를 기준으로 삼는 이유는 단순합니다. 연령이 비슷해야 그 세대가 겪어온 문화를 잘 알고 이해할 수 있기 때문이죠.

물론, 30대인 저도 10대를 위한 서비스를 만들 수 있을 겁니다. 그러나 그들이 열광하는 문화나 주로 사용하는 언어를 완벽하게 이해하긴 어렵겠죠. 따라서 성공률 100%의 사업 아이템을 찾아내는 것 역시 쉽지 않을 겁니다. 이러한 이유로 저는 타깃 연령을 30~35, 35~40으로 선택하겠습니다.

타깃		
1. 연령 & 성별	2. 직업	3. 관심사
누구의		

15~20	여성		
20~25			
25~30			
30~35			
35~40	남성		
40~45			
45~50			
50~55			
55~60			

그러고 나선 성별을 정합니다. 저는 남성을 선택하겠습니다. 다만 본인과 같은 성별을 꼭 타깃으로 설정할 필요는 없습니다. 사실 제 유튜브 채널이나 인스타그램 팔로워들만 보면 여성이 65%로 남성보다 더 많습니다. 따라서 여성을 타깃으로 설정하는 것이 유리할 수도 있겠죠. 또 사업의 성격에 따라 성별을 특정하지 않아도 큰 문제는 없는데, 여기서는 일단 정해봅시다.

이제 직업군을 적어봅시다. 떠오르는 대로 적으면 되

는데, 예전부터 하고 싶었던 사업 아이디어가 있다면 이를 구체화해 적어보세요. 당장은 떠오르는 것도, 떠오르는 사업 아이디어도 없다면 현재 당신의 직업을 적어도 됩니다. 친구나 지인 등의 직업을 적는 것도 괜찮습니다. 공무원, 직장인처럼 조금 광범위하게 적을 수도 있죠.

타깃		
1. 연령 & 성별	2. 직업	3. 관심사
누구의		
15~20		
20~25	여성	
25~30		
30~35		마케터
35~40		
40~45		
45~50	남성	
50~55		
55~60		

저는 마케터라고 적었습니다. 제가 마케터 출신이다 보니 마케터가 무슨 일을 하는지, 또 그들을 필요로

하는 사업에는 어떤 것들이 있는지 남들보다는 더 잘 알 수 있을 것 같았거든요.

비즈니스 모델 캔버스가 조금씩 채워지고 있는 게 보일 겁니다. 이처럼 제가 샘플로 만들어볼 사업은 30대 남성 마케터들을 위한 서비스가 될 예정입니다. 그럼 관심사와 관련된 내용을 적어봅시다. 단, 여기서 말하는 관심사는 본인의 관심사가 아닌, 당신이 설정한 타깃의 관심사입니다.

30대 남성 마케터들은 무엇에 관심이 있을까요? 한번 유추해 봅니다. 물론 이를 아는 가장 좋은 방법은 타깃에 해당하는 사람을 만나 직접 물어보는 겁니다. 그 정도의 적극성은 갖춰야 한다고 생각합니다. 사업의 성취를 거저 얻을 수 있는 건 아닐 테니 말이죠.

저는 일단 30대 남성 마케터들이 무엇에 관심이 있을지 다음처럼 가설을 세워 보았습니다.

- 30대의 경력 있는 마케터라면 부하 직원 관리에 관심이 많을 것이다.

- 책임이 가중되는 직책을 맡았을 테니 마케팅 성과를 내는 데 관심이 많을 것이다.
- 회사에서 마케팅 관리직을 맡고 있을 경우, 마케팅 대행사를 찾고자 할 수 있다.
- 부하 직원들에게 마케팅 인사이트를 전달하기 위해 새로운 마케팅 기술과 트렌드 공부를 할 것이다.
- 부하 직원들에게 좋은 리더가 되기 위한 리더십 교육에 관심이 많을 것이다.
- 더 나은 커리어를 위해 좋은 회사로 이직하는 방법에 관심이 많을 것이다.
- 스타트업 대표일 수도 있으니 스타트업 관련 정보나 이슈를 좋아할 것이다.
- 매출에 대한 압박을 느낄 테니 단기간에 매출을 증대시킬 마케팅 방식에 관심이 많을 것이다.

일단 떠오르는 대로 적었는데, 시간만 주어진다면 끝도 없이 적을 수 있을 것 같습니다. 다만 이 중에 하나를 선택합시다. 지나치게 고민하거나 신중을 기할 필요는 없습니다. 비즈니스 캔버스라는 것이 본래 잦은 수정이 반복될 가능성이 크기 때문이죠. 그러니 우선 가장 끌리는 것을 선택해서 적으면 됩니다. 저는 여러 가지 가설 중에 제가 늘 하고 있는 고민, 바로 '매출에 대한 압박을 느낄 테니 단기간에 매출을 증대시킬 마케팅 방식에 관심이 많을 것이다'를 선택하겠습니다.

타깃		
1. 연령 & 성별	2. 직업	3. 관심사
누구의		

15~20	여성	마케터	매출 증대
20~25			
25~30			
30~35			
35~40	남성		
40~45			
45~50			
50~55			
55~60			

니즈 섹션

이제 비즈니스의 타깃이 꽤 구체적으로 정해졌습니다. 그렇다면 이들이 겪고 있을 만한 문제를 한번 떠올려 봅시다. 매출을 증대시키는 데 관심이 많은 30대 남성 마케터는 어떤 문제 때문에 고민하고 있을까요? 잘 모르겠다면 내가 지금 그들이 되었다고 상상하면서 다음처럼 시나리오를 짜서 감정을 이입해 보세요.

지금부터 나는 (30대 남성 마케터)이다.

내 연봉은 대략 (   )이고,

나의 라이프 스타일은 (   )하며,

(   )에 대해 고민하고 있다.

나는 (   )게 생겼고,

(   )에 살고 있으며,

(   ) 차를 탄다.

옷은 주로 (   ) 스타일로 입고

주말에는 (   )을 하며 시간을 보낸다.

이런 구체적인 상상을 하며 타깃이 되어보는 겁니다. 상상조차 하지 못하겠다면, 아까 말했듯 이에 해당하는 타깃을 실제로 만나서 앞의 내용을 힌트 삼아 인터뷰해 봅시다. 그러면 그들이 무엇에 관심을 가지고 있고 어떤 문제를 해결하고 싶어 하는지를 보다 정확히 알 수 있겠죠. 다음은 제가 가설로 작성해 본 타깃의 문제입니다.

- 매출을 올리고 싶지만 무엇부터 해야 할지 몰라서 고민될 것이다.
- 유료 대행업체를 찾아서라도 매출을 극대화하고 싶을 것이다.
- 매출을 올리고 싶지만 팀의 역량이 부족해서 직원 채용을 고민 중일 것이다.
- 매출 상승 경험이 있는 멘토를 찾아 배우고 싶을 것이다.
- 마케팅 공부를 어떻게 해야 할지 방법을 찾고 있을 것이다.

저는 매출 극대화를 원하는 30대 마케터들에게 감정을 이입해 보면서, 고민의 강도와 빈도를 기준으로 볼 때 '매출을 올리고 싶지만 무엇부터 해야 할지 몰라서 고민될 것이다'라는 가설을 선택했습니다. 아까도 말했지만, 선택에 너무 긴 시간을 쓰지 않길 바랍니다. 어차피 사업을 하다 보면 계속해서 수정되고 변경되게 마련이니까요.

타깃			니즈
1. 연령 & 성별	2. 직업	3. 관심사	
누구의			어떤 문제를
15~20			
20~25	여성		
25~30			매출을 올리고 싶지만 무엇부터 해야할지 모르겠다
30~35		마케터	매출 증대
35~40			
40~45	남성		
45~50			
50~55			
55~60			

여기까지 따라 왔다면 타깃과 그들의 니즈까지 보다 선명해졌을 겁니다. 이제 저는 '떨어진 매출을 올리고

싶지만 무엇부터 해야 할지 모르는 30대 남성 마케터'의 문제를 해결해 줄 겁니다. 앞서서 사업이란 고객의 문제를 해결해 주는 것이라고 했으니까요. 이 문제를 해결할 수 있다면 그에 대한 대가로 돈을 받을 수 있습니다.

그럼 이 문제는 어떻게 해결하면 될까요? 3단계에서 소개한 6개의 사업 유형으로 접근할 수 있습니다. 4단계에서는 이 사업 유형들을 '솔루션'이라고 부를 텐데, 이 중에서 하나를 선택하면 됩니다.

솔루션 섹션

'떨어진 매출을 올리고 싶지만 무엇부터 해야 할지 모르는 30대 남성 마케터'의 문제는 6가지 솔루션으로 해결해 줄 수 있습니다.

① 대행: 나의 마케팅 능력으로 고객의 떨어진 매출을 대신 끌어올려 이 문제를 해결할 수 있습니다.

② 교육: 타깃 회사의 마케터들을 대상으로 매출 증대에 도

움이 되는 교육과 코칭 프로그램을 진행할 수 있습니다.

③ 제품: 매출을 획기적으로 끌어올릴 수 있는 방법과 노하
우를 담은 책을 만들어 판매할 수 있을 겁니다. 이런 마케
팅 솔루션을 담은 책을 꾸준히 출간하다 보면 마케팅 전
문 출판사가 될 수도 있겠죠.

④ 콘텐츠: 판매 저조에 시달리다가 특별한 마케팅 전략으로
매출을 증대시킨 기업의 사례, 혹은 다양한 마케팅 인사
이트를 전하는 뉴스레터를 발행하거나, 최신 마케팅 트렌
드나 현재 마케팅 이슈를 소개하는 콘텐츠를 만들어 유튜
브 채널로 소통할 수도 있습니다.

⑤ 중개: 해당 타깃에게 마케팅 전문가를 소개시켜 주면서
이에 대한 수수료를 받을 수 있습니다.

⑥ 시스템: 매출 증대처럼 같은 고민을 하고 있는 마케터들
의 모임을 만들어서 스터디 모임을 운영해도 됩니다.

이렇게 총 6가지 솔루션을 통해 앞에서 설정한 타깃의 문제를 해결할 수 있습니다. 이 중에서 당신이 할 수 있는 것을 선택하면 됩니다. 어떤가요? 그중에 할 수 있는 일이 하나도 없다고요? 그렇다면 문제를 해결하는 데 필요한 기술부터 배워서 갖춰야 합니다.

저는 6가지 솔루션 중에서 네 번째 콘텐츠를 통해 타깃이 안고 있는 문제를 해결해 보겠습니다. 저는 이 타깃에게 뉴스레터를 제공해 보고 싶어요. 이를 선택한 이유는 제가 재미있게 만들 수 있고 어느 정도 자신도 있으면서 현 시점에서 가장 빠르게 시도해 볼 수 있는 방법이기 때문입니다.

여기까지 캔버스를 채웠다면, 당신의 비즈니스 모델의 윤곽이 잡힐 겁니다.

'떨어진 매출을 올리고 싶지만 무엇부터 해야 할지 모르는 30대 남성 마케터 문제를 뉴스레터 발행을 통해 해결한다!'

비즈니스 모델 캔버스				
타깃			**니즈**	
1. 연령 & 성별	2. 직업	3. 관심사		
누구의			어떤 문제를	
15~20				
20~25				
25~30	여성			
30~35				
35~40		마케터	매출 증대	매출을 올리고 싶지만 무엇부터 해야 할지 모르겠다
40~45				
45~50	남성			
50~55				
55~60				

솔루션

어떤 방식으로 해결해 주나

대행
마케팅 대행, 블로그 키워주기, 청소

교육
컨설팅, 강의, 상담, 코칭, 온라인 강의

제품·제작
식품, 의류, 생활용품

콘텐츠
뉴스레터, 유튜브 채널, 인스타그램

중개
부동산, 플랫폼

시스템 제공
커뮤니티, 솔루션

이제 이 같은 비즈니스 모델로 어떻게 돈을 벌지 정할 차례입니다. 세상에 돈 버는 방법은 너무나 다양하고 방식도 무궁무진하다고 생각하겠지만, 실은 큰 범주 안에서 볼 때 돈을 버는 방법은 몇 가지로 거의 정해져 있습니다. 제가 미리 적어놨으니 같이 보시죠.

수익 모델 섹션

① 수수료: 문제 해결에 도움이 되는 무언가를 서로 연결해, 이를 연결하고 소개한 대가로 일정 부분의 수수료를 받습니다.

② 판매 수익: 제작된 물건이나 정보 등을 판매해서 얻습니다.

③ 대행비: 타깃이 해야 할 일을 대신해 줌으로써 받는 비용입니다. 쉽게 말해, 수고비이죠.

④ 광고비: 내가 가진 채널이나 내가 모은 사람들에게 다른 회사 제품을 소개하고 홍보함으로써 받는 대가입니다.

⑤ 구독료: 내가 만든 상품이나 서비스(글, 영상 등)를 정기적으로 제공하며 받는 대가입니다.

⑥ 참가비: 내가 만든 모임이나 강의 등을 제공함으로써 받는 대가입니다.

⑦ 사용료: 내가 만든 서비스를 제공함으로써 받는 대가입니다.

저는 앞의 예시에서 뉴스레터 발행으로 타깃의 문제를 해결하기로 했으니, 뉴스레터 구독료나 협찬 광고를 통해 수익을 낼 수 있을 겁니다. 단, 광고비보다는 구독료를 택하겠습니다. 유료 뉴스레터를 발행하는 것이죠! 자, 이렇게 비즈니스 하나가 완성되었습니다. 정리해 봅시다.

나만의 스몰 비즈니스 모델			
타깃			니즈
1. 연령 & 성별	2. 직업	3. 관심사	
누구의			어떤 문제를
15~20			
20~25			
25~30	여성		
30~35			
35~40		마케터	매출 증대	매출을 올리고 싶지만 무엇부터 해야 할지 모르겠다
40~45			
45~50	남성		
50~55			
55~60			

솔루션	수익 모델
어떤 방식으로 해결해 주나	돈은 어떻게 벌 것인가
대행 마케팅 대행, 블로그 키워주기, 청소	**수수료** 소개 비용
교육 컨설팅, 강의, 상담, 코칭, 온라인 강의	**판매 수익** 물건, 정보, 콘텐츠
제품·제작 식품, 의류, 생활용품	**대행비** 수고비
콘텐츠 뉴스레터, 유튜브 채널, 인스타그램	**광고비** 다른 회사 홍보
중개 부동산, 플랫폼	**구독료** 글, 영상, 콘텐츠
시스템 제공 커뮤니티, 솔루션	**참가비** 모임, 수강료
	사용료 어도비, 임대료, 렌트

저는 떨어진 매출을 올리고 싶지만 어떻게 올려야할지 모르는 30대 남성 마케터의 문제를 유료 뉴스레터로 마케팅에 관한 정보를 전달함으로써 해결하겠습니다. 그리고 돈은 유료 뉴스레터 구독료로 벌겠습니다.

캔버스를 작성하면서 내 사업을 명확하게 정리할수 있게 되었지요. 당신도 스몰 비즈니스 모델 캔버스를 활용해 정리한 뒤, 다음의 빈칸을 채워보세요.

내 사업은 (   )가

고민하는 (   )

문제를 해결하기 위해 (

)을

제공하는 것입니다.

그리고 돈은 (

)로 법니다.

이렇게 비즈니스 캔버스를 통해 정리하면 추상적이었던 아이디어가 구체화되어 사업을 명확하게 기획할 수 있습니다. 부디 사업을 고민 중인 당신에게 도움이 되길 바랍니다. 저는 이 스몰 비즈니스 모델 캔버스를 늘 노트북에 넣고 다니는데, 덕분에 일상에서 작은 기회를 포착했을 때도 사업으로 빠르게 기획할 수 있었습니다. 물론 기획한 사업 모두가 성공한 것은 아닙니다. 하지만 무언가를 실행해야만 성공에 가까워질 수 있고, 실행하기 위해서는 해야 할 일이 구체화되어야 합니다.

이제 이 캔버스에 기록한 사업 기획을 바탕으로 실체가 보이는 사업을 만들 차례입니다.

2

브랜드 정체성 만들기

앞에서 기획한 비즈니스 아이디어에 생명을 불어넣을 차례입니다. 이제부터 당신은 이 사업에 애착이 생길 겁니다. 2단계는 바로 BI^{brand identity}, 바로 브랜드 정체성을 만드는 것입니다. BI라고 하면 대다수가 그저 브랜드 로고만 떠올리죠. 하지만 그 기업의 로고뿐만이 아니라, 한 브랜드의 존재 목적과 이유, 사업 활동 등을 간단하게 정의하는 것도 BI에 포함됩니다.

왜 BI를 만들어야 할까요? 우선 당신의 사업과 제공하는 서비스가 정체성을 가져야만 방향이 명료해지고, 명료해져야 구체적인 마케팅 전략이 나오기 때문입니다. 사업이 정해지면 수많은 마케팅 활동이 필요합니다. 인스타그램 피드를 작성하고, 유튜브 섬네일 카피를 쓰는 것도 그중 하나죠. 짧은 시간 고객에게 노출될 작은 공간에 내가 제공한 사업을 한 줄로 요약할 수 있느냐도 정말 중요합니다. 고객들은 당신의 사업에 대한 상세한 설명을 처음부터 끝까지 참고 들어줄 여유나 이유가 없으니까요. 그러니 짧고도 강렬하게 당신이 무엇을 하는 사람인지, 이 회사가 무슨 서비스를 제공할 예정인지 각인시켜야 합니다.

예를 들어, 김밥 전문점을 차렸는데 누군가가 당신에게 "어떤 사업을 하세요?"라고 물었다고 합시다. 당신은 무엇이라 대답하겠습니까? "김밥 전문점을 해요. 제가 김밥 하나는 진짜 맛있게 만들거든요"라고 간략히 설명하면 되겠죠. 그런데 "김밥을 주로 파는데요. 사실 제가 다른 요리도 잘해서 가끔 볶음밥도 하고 파스타도 팔아요. 메뉴 전부가 가성비도 좋고 맛있답니다"라고 대답한다면 어떤가요? 당신이 제공하는 제품과 서비스의 차별적 가치가 흐려져서 사람들이 굳이 당신의 가게에서 김밥을 사 먹을 이유를 찾지 못하게 됩니다.

이러한 이유로 우리는 선택해야 합니다. 브랜드 정체성을 정하지 않으면 방향을 잃게 됩니다. 확실한 방향으로 흔들림 없이 직진할 수 있게 선택해야 합니다! 내가 미리 선택해 놓으면 소비자가 내 서비스를 이용할 때도 고민할 필요가 없습니다. 고민할 필요가 없으면 구매전환도 더욱 빨라지겠죠. 그럼 BI는 어떻게 만드는 걸까요? 다음 단계들을 따라가면 됩니다.

네이밍

서비스 이름을 정하기까지 오랫동안 고민하는 사람이 많습니다. 저도 그런 사람 중 하나입니다. 그래서 끝도 없는 고민으로 밤잠 설칠 사람들을 위해 네이밍 방법을 고안해 보았으니, 활용하길 바랍니다.

첫째는, 핵심이 될 만한 키워드를 찾는 겁니다. 앞에

서 작성한 스몰 비즈니스 모델 캔버스를 바탕으로 사업의 핵심을 담고 있는 키워드를 찾아봅니다. 캔버스를 펼쳐 놓고 떠오르는 단어들을 최대한 나열하면 됩니다. 마케팅, 마케터, 사업, 매출, 직장인, 30대, 뉴스레터, 같이, 스터디, 등.

둘째는, 이 중에서 반드시 포함되어야 하는 키워드를 남기는 겁니다. 딱 2개만 남기고 모두 지워보세요. 아마 지우기 어려울 겁니다. 그래도 선택해야 합니다. 선택을 하는 과정에서 무엇이 더 중요한지 깊게 생각하게 되므로 의미 있는 작업입니다. 제가 남긴 키워드는 '마케팅'과 '뉴스레터'입니다.

셋째, 남은 단어를 중심으로 마인드맵을 작성하는 겁니다. 큰 종이를 펼친 후 선별한 단어를 가운데 적고, 그 단어를 중심으로 가지를 뻗어가며 연상되는 단어를 싹 다 적습니다. 그것이 영어이든 한글이든 상관없습니다. 저는 다음 페이지에서 보듯 적었습니다.

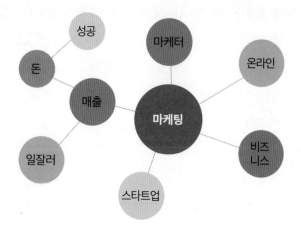

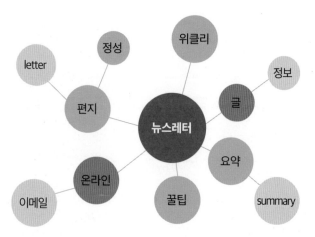

넷째, 여기서 나온 단어를 조합하고 변형하면서 섞어봅니다. 여기에 꼭 적혀 있는 단어가 아니라고 해도 핵심 단어를 바탕으로 단어를 조합하면 됩니다. 그렇게 하다 보면 입에 잘 붙는 단어들이 등장하는데, 그것이 당신이 사용할 네임이 될 가능성이 크죠. 이렇게 했는데 마땅한 게 나오지 않았다면 이런 단어들을 '네임릭스^{namelix.}^{com}'에서 검색해 봅시다. 네임릭스는 네이밍을 도와주는 해외 사이트인데, 여기에 키워드를 넣어 검색하면 브랜드 이름이 자동으로 생성됩니다.

제가 처음 시도했던 홈페이지 제작 사업의 브랜드명은 'Scroll(스크롤)'이었습니다. 마우스 휠을 굴리며 스크롤하듯 잘 읽히고 쓱쓱 잘 넘어가는 홈페이지를 만들겠다는 의미를 담았습니다. 이 브랜드명 역시 앞서 소개한 것처럼 휠, 롤링, 페이지 등의 단어를 검색하다가 만나게 되었고, 강한 끌림이 있어 바로 채택했죠. 이처럼 브랜드 네이밍은 구체적인 과정을 거치지만 굉장히 우연한 기회에 완성되는 경우가 많습니다. 브랜드명에 꼭 심오하고 큰 뜻이 담겨야 하는 건 아닙니다. 그저 사람들이 부

르기 편하고 쉽게 기억할 수 있는 것이면 됩니다. 개인적
으로는, 신조어보다 실제로 있는 단어의 조합을 선호합
니다. 토스, 레버, 브로콜리 등이 그러한 것들이죠.

다섯째, 마음에 드는 이름을 찾았다면 상표권 등록
이 되어 있는지 확인합니다. '키프리스^{kipris.or.kr}'에서 검색
해 확인하면 됩니다. 하려는 사업 분야에 해당 상표권이
있는지는 반드시 확인하고 사용해야 합니다.

브랜드 컬러

일반적으로 기업의 브랜드 컬러는, 대개 2가지 컬러의
조합으로 구성됩니다. 메인 컬러와 서브 컬러죠. 메인 컬
러는 대개 빨, 주, 노, 초, 파, 남, 보, 검 중에 하나가 되겠
죠. 이 중 특별히 마음에 드는 컬러가 있다면, 예를 들어
그것이 빨강이라면, '핀터레스트^{www.pinterest.co.kr}'에서 'red
web design' 또는 'red logo design' 등의 단어로 검색해 내
가 선택한 컬러와 어떤 컬러 조합이 괜찮은지 확인해 보
세요. 이를 통해 서브 컬러를 정하면 됩니다. 자신의 디
자인 감각이 '꽝'이다 싶다면, 그냥 '블랙 & 화이트'로 갑

시다. 검정과 흰색 조합은 웬만해선 실패하지 않습니다. 그래도 브랜드 컬러를 정하는 것이 어려운 사람들을 위해 '2colors.colorion.co'라는 사이트도 소개합니다. 컬러 조합에 참고하세요.

폰트

BI를 설정할 때는 폰트도 중요합니다. 폰트를 구하고 싶으면 '눈누http://noonnu.cc'를 추천합니다. 눈누에서 상업적으로도 활용할 수 있는 무료 폰트를 구할 수 있습니다. 다만 폰트에 따라 사용할 수 있는 범위가 조금씩 다르므로 꼼꼼히 확인해서 사용하길 바랍니다. 개인적으로는 '에스코어 드림'과 '본고딕'을 추천합니다.

캐치프레이즈

캐치프레이즈catchphrase란 내 브랜드를 표현하는, 혹은 내 브랜드의 목표를 설명하는 한 줄짜리 문구를 뜻합니다. 2가지 유형이 있습니다. 하나는 구어체 스타일, 다른 하나는 서비스 설명 스타일입니다. 먼저 구어체 형을 예로 들면, '내가 월급만 바라보고 살 것 같냐!', '뭐 해, 너의 사업을 하지 않고?' 같은 문구입니다. 다른 회사들의 구어체 스타일 캐치프레이즈도 살펴볼까요?

마켓컬리: 내일 아침 문 앞에서 만나요!

원티드: 직장인의 커리어 여정을 행복하게!

클래스101: 모두가 사랑하는 일을 할 수 있도록

오늘의 집: 누구나 예쁜 집에 살 수 있어

밀리의 서재: 독서와 무제한 친해지리

구어체 스타일 캐치프레이즈에는 '~하세요', '~합니다', '~하게!', '~할 수 있도록' 같은 문장이 자주 사용되며, 소비자가 서비스를 이용할 때 얻을 수 있는 이점이 들어가곤 합니다. 어느 정도 감이 오죠?

두 번째, 서비스 설명 스타일은 말 그대로 어떤 서비스를 제공하는지 이에 대한 설명이 간략히 요약되어 들어가는데, 다음과 같은 것들이죠.

모두싸인: 간편 전자 계약 서비스 모두, 싸인

뉴닉: 밀레니얼을 위한 시사 뉴스레터, 뉴닉

트립스토어: 해외 여행 비교 플랫폼, 트립스토어

캐치프레이즈를 서비스 설명 스타일로 정하면, 사람들의 머릿속에 내 브랜드를 각인시키기 쉽다는 장점이 있죠. 마케팅의 성패는 사람들의 머릿속에 누가 먼저 자신의 브랜드나 상품을 인지시키느냐에 달렸는데, 이렇게 제공하는 서비스를 짧고도 강력한 문구로 만들면 사람들이 내 브랜드를 기억하는 데 도움이 됩니다. 특히 내가 제공하는 서비스가 세상에, 이 시대에 왜 필요한지를 정확하게 설명해 줌으로써 브랜드의 가치 제고에도 효과가 있습니다.

다만, 캐치프레이즈를 정할 때 유의할 점도 있습니다. 다양한 사람들을 타깃으로 그들이 안고 있는 수많은 문제를 해결해 주는 서비스를 제공하려 든다면, 좋은 캐치프레이즈가 나오기 힘들다는 겁니다. 그래서 사업 서비스의 범위는 좁힐 필요가 있습니다. 캐치프레이즈는 추상적이지 않게 구체적인 문구로 작성하는 연습이 필요합니다. 이러한 과정을 저는 '뾰족하게 깎는다'라고 표현합니다. 예를 하나 들어볼게요.

- **매일 성장하게 도와드립니다, 성장을 위한 뉴스레터**
- **매일 아침 8시, 마케팅 지식을 한 장씩 채워가세요, 마케터만을 위한 뉴스레터**

이 2가지 문구 중 제공되는 서비스가 좀 더 명확하게 그려지는 건 어느 쪽인가요? 아마 두 번째 문구일 겁니다. 문구가 너무 추상적이면 문구를 읽은 사람의 상상 범위도 넓어집니다. 그러니 문구를 읽은 사람이 딱 1가지 상상만 할 수 있게 세밀하게 깎아줘야 합니다.

지금까지 언급한 내용을 바탕으로 가상의 제 사업 BI를 다음 페이지의 이미지처럼 만들었습니다. 어떤가요? 마케팅 서머리**Marketing Summary**는 실무에서 성과를 냈던 마케팅 전략들을 담아 전달하는 유료 뉴스레터입니다.

메인 컬러는 빨강색으로 잡았습니다. 1단계에서 그저 아이디어에 불과했던 것에 실체가 생겼습니다. 좀 더 애착이 갈 겁니다. 그럼 다음 단계에서 이 서비스를 소개하는 페이지를 작성해 보겠습니다.

3

소개 페이지 만들기

이번에는 제공할 제품이나 서비스에 관한 소개 페이지를 만들어보려 합니다. 다음의 작성법을 따라해 보세요.

10개의 박스

웹사이트 방문자가 최초로 접하게 되는 페이지를 '랜딩 페이지landing page'라고 합니다. 제작자가 랜딩 페이지를 어떤 글과 디자인으로 꾸미느냐에 따라 방문자의 행동이 달라질 수 있습니다. 페이지에 들어온 소비자가 적극적으로 상품을 구매할 수도, 원하는 정보를 찾지 못하거나 구매 욕구가 들지 않아 다른 페이지로 이동할 수도 있죠. 따라서 이 랜딩 페이지에는 소비자를 설득할 수 있는 카피가 들어가야 합니다. 한번 생각해 보세요. 온라인 시대를 사는 우리가 지갑을 여는 건, 상품을 경험해서가 아니라 그곳에 적힌 글과 담긴 사진을 신뢰해서입니다.

엄밀히 말하면, 우리는 상품이 아니라 글을 사고 있는 것이죠. 온라인에서는 글이 곧 상품입니다. 글을 잘 쓰면 상품을 더 좋아보이게 만들 수 있고, 글을 못 쓰면 좋은 상품도 나쁘게 만들 수 있다는 얘기입니다. 실제로 대다수의 사람이 글을 쓰는 일을 막막하게 여깁니다. 저 또한 마케터 초기 시절에는 상품을 판매하고 홍보하는 글을 쓰는 것이 제일 어려웠고 이를 작성하는 데도 꽤 오랜 시간이 걸렸습니다. 하지만 그렇게 수년간 글을 쓰다 보니 나름의 공식이 생겼는데, 바로 그 공식을 공유하고자 합니다. 이 공식에도 이름을 붙였는데, 이른바 '10개의 박스 작성법'입니다.

10개의 박스 작성법

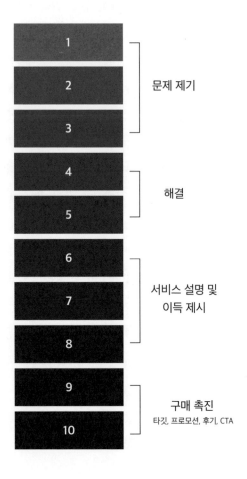

저는 상품이든 서비스이든 무언가를 판매해야 하는 글을 쓸 때 이 공식에 따라 글을 씁니다. 그림만 보면 쉽게 이해가 되지 않을 수 있는데, 쉽게 말해, 당신이 10장의 카드 뉴스를 쓴다고 생각하면 됩니다. 소비자들은 모바일로 1번부터 10번까지의 내용을 쓱쓱 넘겨가며 보고 읽으면서 구매 여부를 결정하게 됩니다.

10개의 박스에는 각각의 역할이 있습니다. 1~3번 박스의 역할은 '문제 제기'입니다. 그리고 4~5번 박스는 '사업가인 내가 그에 대한 해결책을 갖고 있음을 어필'하는 역할을 맡습니다. 6~8번 박스는 해당 제품이나 서비스에 관해 설명하고 이를 통해 소비자가 얻을 수 있는 것을 이야기합니다. 마지막으로 9~10번 박스는 제품 구매나 서비스 이용을 촉구하는 역할을 합니다. 그럼 이처럼 분류해서 작성해 봅시다.

문제 제기 박스

첫 번째 단계인 문제 제기 박스에는 이 서비스를 사업가인 내가 왜 생각했는지, 어떤 문제를 해결하고 싶은지를 적습니다. 앞에서 예시로 들었던 가상의 서비스 '마케팅 서머리'를 예로 들어 적어 보겠습니다.

1	매출은 안 오르는데 회사에는 효과적인 마케팅 방식을 알려줄 사람이 없고
2	매출 압박이 심한데 대체 무엇부터 시작해야 할지 모르겠어요.
3	어떻게 하면 매출을 증대시킬 수 있을까요?

이렇게 문제를 제기하면서 상대방의 호기심과 공감을 이끌어내는 게 목표입니다. 이 박스에서 중요한 것은, 소비자의 감정을 건드리는 것입니다. 그러니까 이 글을 읽는 사람이 '그래, 맞는 말이야' 하면서 끄덕끄덕할 수 있는 공감대를 형성해야 한다는 것이죠. 공감대 형성에는 구체적인 상황 언급이 효과적입니다. 내가 설정한 타깃들이 겪고 있는 진짜 문제가 무엇인지 제대로 파악하고 있어야 하겠죠.

1~3번 박스는 10개의 박스 중에서 가장 중요한 박스입니다. 일단 1~3번을 읽어야 다음으로 넘어갈 수 있

기 때문이죠. 그래서 가장 많은 에너지를 들여서 고치고 읽어보고 물어보고 다시 수정하기를 반복해서라도 매력적으로 써야 합니다.

해결 박스

4~5번 박스에서는 이 문제를 해결해 줄 수 있는 사람이 바로 당신이라는 걸 어필해야 합니다. 앞서 말한 문제들의 해결책을 내가 가지고 있다고 얘기하는 겁니다. 4~5번 박스는 내가 만든 서비스가 세상에 존재해야 하는 명분을 만들어주는 셈이죠.

4	수많은 마케터의 고민을 해결하고자 '마케팅 서머리'를 만들었어요.
5	실제로 좋은 성과를 거둔 마케팅 액션을 요약해서 소개해주는 서비스이죠!

세상 사람들은 그저 돈을 버는 것이 유일한 목적인 것처럼 보이는 사람을 응원하지 않습니다. 그래서 모든 사업과 서비스에는 늘 명분이 필요합니다. '아, 이 서비

스는 진짜 필요한 거네. 많은 사람에게 정말 도움이 되겠군' 하며 소비자가 반길 수 있어야 합니다. 앞에서 캐치프레이즈를 잘 만들었다면 이 박스는 수월하게 작성할 수 있을 것입니다.

서비스 설명 및 이득 제시 박스

해결 박스에서 당신이 겪고 있는 문제를 해결할 서비스를 가지고 있다고 했으니, 이제 사람들은 '그게 뭔데?'라고 궁금해할 겁니다. 이때부터는 당신이 제공할 서비스를 좀 더 구체적으로 설명하면서 이걸 쓰면 왜 좋은지, 소비자가 어떤 이득을 취할 수 있는지 알려줘야겠죠.

6	매주 각 업계에서 성공적인 성과를 거둔 마케팅 프로젝트를 5개씩 공유합니다.
7	도움이 될 아티클도 함께 보내기에 읽기만 해도 회의 시간에 아는 척할 수 있어요.
8	함께 제공되는 오디오 파일을 통해 걸어 다니면서도 정보를 얻을 수 있답니다.

여기서 가장 중요한 것은, 아주 쉽게 설명해야 한다는 겁니다. 대부분의 사람은 모바일을 통해 정보를 접하므로, 빠른 속도로 서비스 설명을 지나치기 때문입니다.

앞에서 말했지만, 소비자들은 우리 서비스에 관심이 없습니다. 그렇기에 당신의 서비스에 대한 설명을 꼼꼼히 읽지 않습니다. 말 그대로 찰나의 순간에 쓱쓱 넘기며 봅니다. 당신도 모바일에서 피드를 넘길 때 그렇게 하지 않나요? 다른 사람도 그런 속도로 콘텐츠를 본다는 걸 기억하세요. 그래서 아주 간결하고 쉽게 설명해야 하고 가급적이면 시각적인 자료가 들어가야 합니다.

가장 이상적인 건 3가지를 설명하는 겁니다. 심리학적으로도 '3의 법칙'이라는 게 있죠. 일반적으로 사람들은 어떤 정보를 획득할 때 3가지를 가장 좋아한다고 합니다. 그 이상이 되면 머릿속에 담기도 쉽지 않죠. 저 역시 경험상 4가지 이상이 되면 기억하기 어려웠던 것 같습니다. 그러면 이제 마무리 지을 시간이 왔습니다.

구매 촉진 박스

9~10번 박스의 역할은 소비자가 본격적으로 나의 서비스를 이용할 수 있게끔 끌어당기는 것입니다. 보통은 이 서비스에 대해 다수의 이용자가 만족했다는 후기를 적거나 타임세일을 하고 있으니 지금 구매하면 할인 혜택을 받을 수 있다는 내용으로 소비자의 구매를 촉진합니다. 최근에는 이용자의 인터뷰들을 많이 넣는 추세죠. 당신의 사업이나 서비스에 대한 후기가 있다면 반드시 활용하길 바랍니다. 인간은 본래 무언가를 결정할 때 '사회적 증거'를 필요로 합니다. 본능적으로 손해를 보고 싶지 않기에 다수가 선택한 것을 택하려고 하는 것이죠.

9	지금 신청하면 1개월간 무료로 사용할 수 있습니다
10	월 4,900원으로 나만의 마케팅 멘토를 만나보세요! <구독하러 가기>

아직 당신의 제품이나 서비스에 대한 고객 후기가 없다면, 특별 프로모션을 하고 있다거나 이 서비스를 반

드시 이용해야 할 사람이나 추천하고 싶은 사람의 유형 등을 적습니다.

그리고 마지막에는 '무료로 견적 받아보기' '무료로 상담받기' '무료로 한 달 이용하기'처럼 소비자의 행동을 이끄는 문구를 삽입합니다. 디지털 마케팅 전략에서는 이를 'CTA^{call to action}'라고 부르죠. 즉 웹이나 모바일 페이지에서 소비자의 특정 반응을 유도하는 배너나 버튼 등의 요소를 뜻합니다.

랜딩 페이지는 '아임웹' 같은 홈페이지 제작툴로 만들어도 좋지만, 기술적으로 어려움을 느낀다면 '노션^{www.notion.so}'을 추천합니다. 노션은 웹에서도 문서 작성이 가능한 무료 툴인데, 이곳에 서비스에 대한 설명을 적고 공유할 수 있기에 랜딩 페이지로도 자주 사용됩니다.

4

고객 만나러 가기

준비는 끝났습니다. 이제 내가 타깃으로 삼은 고객을 만나러 갈 차례입니다. 가서 지금까지 공들여 만든 제품이나 서비스를 소개하고 그를 설득해서 계약을 따오거나 판매하면 됩니다. 그게 아니면 '크몽' 같은 플랫폼에 내 서비스를 등록하거나 '노션'과 '아임웹' 등의 노코딩 솔루션으로 페이지를 만든 뒤 고객을 기다리는 겁니다.

이 단계를 성공적으로 이끌 노하우를 알려달라고

요? 그런 것 없습니다. 일단 그냥 가십시오. 대다수의 사람이 내 사업을 만드는 3단계까지는 제대로 해냅니다. 재미있기 때문입니다. 하지만 4단계부터는 바로 실전입니다. 그러니 다음과 같은 고민을 하게 되죠.

'거절당하면 어쩌지?'

→ 네, 당신은 높은 확률로 거절당할 겁니다. 거절당한다면 고객이 당신을 거절한 이유를 추측하고 문제를 개선해서 다시 다른 사람에게 가면 됩니다.

'내가 고객을 설득하지 못하면 어쩌지?'

→ 네, 당신은 고객을 설득시키는 데 능숙하지 못합니다. 하지만 일단 고객과의 첫 만남에서 무엇을 어떻게 개선해야 할지 감을 잡을 수 있을 겁니다. 이를 꼭 기억하고 개선해서 다음번에 만날 고객에게는 좀 더 능숙하게 설득하면 됩니다.

'아직 자신이 없는걸…'

→ 아마 고객도 당신이 자신 없어 한다는 걸 눈치챘을 겁니다. 하지만 고객을 자주 만나서 이야기하고 실패와 성공을 고루 경험하다 보면 해볼 만하다고 느껴지는 순간이 올 겁니다.

첫술에 배부르면 좋겠지만, 내가 아직 사업 초짜이고, 이제 막 서비스를 만들었을 뿐이라는 걸 기억하세요. 잘하지 못하는 게 당연합니다. 하지만 언제까지나 서툴고 뚝딱거리지만은 않을 겁니다..

단, 고객을 만나러 갈 때는 주의할 것이 있습니다. 아무나 찾아가서는 안 된다는 것입니다. 그 문제에 대해 고민하고 있고 이를 해결하고자 하는 의지가 있으며 이를 위해 기꺼이 돈을 지급할 의사가 있는 사람을 찾아가야 합니다. 앞에서 비즈니스는 상대적인 것이라고 했습니다. 당신의 제품이나 서비스가 필요 없는 사람에게까지 갈 필요는 없습니다. 꼭 필요한 사람, 당신을 환영해 줄 사람을 찾아서 갑시다.

저는 처음에 지인의 도움을 받았습니다. 일단은 서

비스를 하나 만든 뒤에 내가 이런 문제를 해결할 수 있으니 이런 도움이 필요한 사람을 발견하면 소개해 달라고 했습니다. 물론 소개에 대한 보상도 지급하겠다고 했죠. 그것이 시작이었습니다. 사업 초기에는 주변 사람의 도움을 받는 것이 제일 좋습니다.

★★★

어떻습니까 내 사업을 만드는 1단계부터 4단계까지 제대로 수행했나요? 이렇게 만든 사업 하나로 대박을 칠 확률은 높지 않을 겁니다. 그러니 실망할 필요도 없습니다. 그저 이 과정을 반복하면 됩니다. 때로는 지루하고 불안하기도 할 겁니다. 그러나 모든 일이 그렇듯 처음이 어렵지, 두 번 세 번 하다 보면 쉬워집니다. 또 이를 반복하면서 내게 꼭 맞는 사업이 무엇인지, 내게 어떤 점이 부족한지를 명확하게 알게 될 것입니다.

사업은 일단 저지르고 수습하는 것입니다. 수습하면서 배우는 것이 시도하기 전 준비하며 배우는 것보다 훨씬 많습니다. 책을 읽거나 강의를 듣는 것보다 직접 고객을 만나는 것이 가장 큰 학습이라고 생각합니다. 실행하고 나면 비교도 안 될 정도로 성장한 자신을 발견하게 될 겁니다.

이제 나에게 맞는 사업을 구체적으로 만들고 기획해 고객을 만났습니다. 그렇게 당신의 고객을 한 명이라도 만들었다는 가정하에, 다음 단계에서는 본격적으로 사업을 시작할 때 알아두어야 할 것들에 관해 이야기해 보겠습니다.

1

돈은 가치를 교환할 때 생긴다

사업을 시작했으면 돈을 벌어야 합니다. 어떻게 해야 돈
이 벌릴까요? 돈을 바꿔 말하면 '대가'인데, 어떤 일을 한
대가로 받는 것이죠.

직장인은 회사에 시간과 노동력을 제공한 대가로
월급을 받습니다. 의사는 환자의 병을 고쳐준 대가로, 가
수는 음악이나 퍼포먼스로 팬을 즐겁게 해준 대가로 돈
을 벌죠. 사업가는 어떻습니까? 만약 로고를 만들어주는

사업을 한다면 고객이 요청한 대로 로고를 만들어준 대가로 돈을 벌 수 있습니다.

이렇게 돈은 내가 고객이 원하는 것을 제공해 주었을 때 그에 상응하는 대가로 받는 것이라는 사실을 기억해야 합니다. 이는 내가 제공하는 것이 가치가 없다면 대가, 즉 돈을 벌 수 없다는 뜻이기도 합니다. 그러니 돈을 벌고 싶다면 고객이 선뜻 지갑을 열 만큼 가치 있는 것을 제공해야 합니다.

이러한 이유로, 사업가는 '어떻게 돈을 벌까?'보다는 '어떻게 해야 넉넉한 대가를 받을 만한 것을 제공할 수 있을까?'를 생각해야 합니다. 돈을 많이 벌고 싶다는 말만 할 게 아니라, 내가 고객에게 대단히 가치 있는 것을 주겠다고 선언해야 합니다. 제공하는 서비스나 제품의 단가를 올리고 싶나요? 그렇다면 '무엇을 더 줄 수 있을까?'를 고민하세요. 고객에게 가치 있는 좋은 것을 제공할 수 있다면, 돈은 알아서 따라올 겁니다.

**가치 있는 것을 제공하면
돈은 알아서 들어온다.**

2

가치는 상대적이다

당신이 홈페이지를 제작해 주는 사업을 한다고 합시다. 어떤 사람들이 당신의 고객이 될까요? 병원은 어떨까요? 의료 업계는 '신뢰'를 가장 높은 가치로 두기에 대중들에게 믿을 수 있는 병원이라는 믿음을 주기 위해 홈페이지를 중시합니다. 그래서 홈페이지를 제작하는 데 300만 원, 많게는 1,000만 원을 쓰기도 하죠. 반면 굳이 홈페이지가 필요 없는 업계도 있을 것입니다. 예를 들어,

요식업을 하고 있다면 홈페이지보다는 인스타그램을 더 중요하게 생각하겠죠. 그들에겐 300만 원짜리 홈페이지가 무가치한 거죠. 당연히 홈페이지 제작에 비싼 돈을 쓰려고 하지 않을 겁니다. 그래서 논리정연한 근거로 홈페이지의 필요성을 강조한다고 해도, 요식업계 대표를 설득하는 건 쉽지 않겠죠.

의사들에게 병원 홈페이지 제작비가 150만 원이라고 한다면 저렴하다고 생각하겠지만, 요식업 대표에게 식당 홈페이지 제작에 같은 금액을 제시하면 너무 비싸다고 생각하겠죠. 이처럼 누구에게 소개하느냐에 따라, 내 사업의 가치가 달라집니다. 사업과 가치는 상대적인 것입니다. 절대적으로 좋은 상품이나 서비스는 존재하지 않습니다. 이 사실을 이해해야 내 사업을 제대로 진단하고 방향을 잡을 수 있습니다. 무엇을 파느냐보다 누구에게 파느냐가 더 중요합니다.

결국, 중요한 것은 타깃입니다. 당신이 만든 사업에 누군가는 관심을 갖지 않겠지만, 누군가는 좋아하면서 반길 수도 있습니다. 바로 '그 사람'을 찾아내면 됩니다.

물론 당신의 사업을 좋아할 사람이 아무도 없을 수 있습니다. 그럴 땐 어떻게 해야 할까요? 당신이 사업을 만들면서 당신이 고객으로 설정했던 타깃, 그 사람을 직접 만나보세요. 실제로 만나보면 그들이 진짜 해결하고 싶어하는 문제가 무엇인지, 어떻게 해결할 수 있을지 알게 될 것입니다. 사업은 이런 방식으로 조금씩 구체화됩니다. 책상에 앉아 구상하는 것만으로는 좋은 상품을 만들 수 없습니다. 끊임없이 고객을 만나며 내 사업의 가치를 알아봐줄 사람을 찾아가는 것, 그것이 사업가의 일입니다.

**당신의 사업을
좋아하며 반길 사람,
바로 그 사람을 찾아라.**

3

잘하는 사람보다 믿을 만한 사람

여기, 2개의 자판기가 있습니다. A 자판기에서는 50%의 확률로 매우 맛있는 빵이 나옵니다. 그리고 나머지 50%의 확률로 정말 맛없는 빵이 나오죠. 그리고 B 자판기에서는 100%의 확률로 적당히 맛있는 빵이 나옵니다.

자판기를 단 한 번 사용할 수 있다면, 당신은 어느 자판기에 돈을 투입하겠습니까? 대부분이 B 자판기를 선택할 것입니다. 맛없는 빵을 얻게 될 가능성을 감수하느니 어쨌거나 적당히 맛있는 빵을 먹을 수 있다는 확실성을 선호하는 겁니다.

비즈니스에서 가장 필요한 건 무엇일까요? 저는 '신뢰'라고 생각합니다. 고객이 100만 원을 지급했을 때 돌려받을 수 있는 결과물이 명확한 것. 나아가 100만 원 이상의 가치를 돌려받을 수 있게 하는 것. 이것이 좋은 사업입니다.

인간은 본래 '이득을 보는 것'보다 '손해를 피하는 것'을 더 좋아합니다. 누군가에게 일을 맡겼는데 불안하다면, 다시는 그에게 일을 맡기지 않겠죠. 그런데 사업을 시작한 사람이 가장 많이 하는 실수 중 하나가, '너무 잘하려고 하는 것'입니다. 일을 잘하려고 하는 게 뭐가 문제냐고요? 물론 그런 자세는 칭찬받아 마땅합니다. 문제는 너무 잘하려고 욕심을 부리다 보면 종종 고객과 약속한 마감일을 지키지 못하게 되거나 커뮤니케이션에서 트러블이 생기는 등, 사업에 빈틈이 생길 가능성이 커진다는 겁니다. 심지어 너무 잘하려고 에너지를 쏟아부은 탓에 초반부터 쉽게 지쳐버린 나머지 더는 그 일을 하고 싶지 않다는 생각이 들 수도 있습니다.

앞에서도 강조했지만, 잘하는 것보다 중요한 것은 완수하는 것입니다. 사업에서는 어쩌다가 만루 홈런을 치는 타자보다 기복 없이 안타를 쳐내는 타자가 되는 편이 좋습니다. 완벽은 완수가 없으면 불가능합니다. 일을 끝까지 마무리하고 고객과의 약속을 지키는 '완수'를 먼저 훈련하여, 고객에게 믿을 만한 사람이 되길 바랍니다.

4

처음엔 못 벌어도, 나중에 벌면 된다

사업은 농사와 비슷하다고 했습니다. 농부는 밭을 갈고 씨를 뿌리고 곡식을 기르기까지 많은 수고를 해야 하지만, 열매를 수확해서 팔기 전까지는 계속 빚진 상태일 겁니다. 사업도 마찬가지입니다. 내 제품이나 서비스를 만들어 판매하기 전까지는 수익이 없습니다. 대출을 받아 사업을 벌인 게 아니더라도, 무보수로 일한다는 것 자체가 빚진 것이나 다름없죠. 돈을 전혀 벌지 못하는 것을 넘어 돈이 나가는 사태가 벌어지기도 합니다.

저 역시 마찬가지였습니다. 유튜브 채널 에이전시 사업을 시작할 때 많은 돈이 나갔습니다. 우선 새롭게 배워야 할 지식이 있어서 40만 원가량을 교육비로 썼고, 촬영 장비를 구입하는 데도 200만 원이 들었죠. 들어오는 돈은 없는데 나가는 돈만 많았던 겁니다.

사업 초기에 단돈 몇십만 원을 버는 건 큰 의미가 없습니다. 돈은 나중에 많이 벌면 됩니다. 그러려면 일단은 맡겨진 프로젝트를 성공적으로 마무리하는 것이 중요하기에, 처음엔 조금 손해를 보더라도 첫 성공 사례를 만드는 데 매진해야 합니다. 그렇게 하면 다음 고객을 만날 때 똑같은 비용을 들일 필요가 없고, 비용이 줄어드니 자연스럽게 수익은 늘어나겠죠.

사업 초기는 훈련의 시기이자 포트폴리오를 만들어가는 시기라고 생각하세요. 단, 손해를 감수해야 하는 기간이 너무 길어지면 안 됩니다. 개인적으로는 6개월 정도는 손해를 감수해도 된다고 생각합니다. 너무 조급해하지 말고 여유 있는 호흡으로 사업을 진행하세요.

조급함이야말로 사업을 힘들게 만듭니다. 빨리 많은 돈을 벌고 싶다는 간절함에 사업을 시작하지만 오히려 그 간절함이 조급함을 가중시켜 현명한 의사결정을 방해합니다. 저도 늘 사업을 하며 이 조급함과 싸워야 했습니다. 사업을 통해 돈을 벌기까지 걸리는 시간은 직장을 다니며 돈을 벌기까지 걸리는 시간과 전혀 달랐습니다. 사업 초기에는 뿌려 놓은 씨앗이 잘 자랄 수 있게 땅을 다지는 시간이 필요합니다. 그리고 이 시기에 우리는 3가지를 해야 합니다.

첫째, 고객에게 신뢰를 쌓아야 합니다. 당신이 제공하는 상품에 대한 리뷰가 하나도 없고 하다못해 이를 친절하게 소개하는 콘텐츠도 없다면, 무엇을 믿고 고객이 당신의 상품을 사겠습니까? 대행 사업을 하더라도 그럴싸한 포트폴리오는 물론이요, 고객의 후기 하나 찾을 수 없다면 고객이 여러분에게 일을 맡길까요? 제품이나 서비스에 대한 설명, 포트폴리오나 후기 등을 만들 시간이 필요합니다.

둘째, 사업 프로세스를 정립해야 합니다. 고객을 유

치하고 대금을 받고 작업을 완료하기까지는 수많은 공정이 필요합니다. 처음에는 그 과정이 체계화되어 있지 않아서 중구난방일 수밖에 없습니다. 하지만 시간이 흐르며 같은 일을 반복하다 보면 체계가 자연스럽게 잡힙니다. 그러면 일 처리 속도도 그만큼 빨라지겠죠. 사업 초기에는 이런 체계를 만들어야 합니다.

셋째, 고객이 반길 만한 상품을 만들어야 합니다. 사업 초기에는 고객이 어떤 상품을 선호하는지 내가 주력으로 팔아야 할 상품이 무엇인지 확신이 서지 않을 겁니다. 그러니 시장의 반응을 계속 살피면서 고객이 환영할 만한 상품이 되도록 깎아내는 시간을 가져야 합니다.

5

차별화가 곧 사업의 실력이다

사업을 시작하려는 사람이라면 한 번쯤 이런 고민을 해봤을 겁니다. '내가 제공하려는 서비스를 이미 제공하고 있는 회사들이 너무 많은데?' '내가 팔려는 제품을 이미 잘 만들어서 파는 데가 많네?' 바로 레드오션red ocean 앞에서 좌절하게 되는 겁니다.

하지만 저는 이미 잘 알려져서 경쟁이 매우 치열한 레드오션이라는 단어를 다르게 생각할 것을 제안합니다. 레드오션은 우리가 뒤돌아서야 할 시장이 아니라, 오히려 뛰어들어야 할 시장입니다. 상어들이 먹이를 잡아먹기 위해 서로 부딪히며 싸우느라 피로 물든 바다를 비유한 것이 레드오션이란 단어의 유래입니다. 어떤가요? 당신은 이빨도 날카롭고 힘도 가장 세다는 백상아리인가요? 그 정도로 뛰어난 능력을 갖추고 있나요? 그런데 자신보다 큰 물고기나 생물체의 몸에 붙어 숙주가 먹고 남은 찌꺼기를 먹는다는 빨판상어도 충분히 먹고살아갑니다. 앞서 말했듯, 1등이 아니어도 살 수 있다는 말입니다. 우리가 해야 할 일은 차별화를 통해 레드오션에 진입하는 것입니다. 그럼 무엇이 차별화인가요? 저는 다음 4단계를 거치길 제안합니다.

차별화를 위한 4단계 전략

첫째, 먼저 기존 시장의 이용자로 진입합니다. 당신이 로고 디자인 사업을 고민 중이라면, 내 사업이든 내 지인의 사업이든 시장 1위 서비스나 기업을 통해 로고를 만들어보는 겁니다.

둘째, 해당 서비스를 이용할 때 느낀 불편이나 개선했으면 하는 것이 무엇인지 찾아냅니다. 인시아드 블루오션 전략 연구소의 김위찬, 르네 마보안 공동 소장이 함께 쓴《블루오션 전략》에서는 없애거나, 줄이거나, 늘리거나, 새롭게 만드는 차별화의 4가지 원칙을 소개하는데, 이를 기준으로 삼아 개선해야 할 문제를 찾아도 좋겠죠.

셋째, 찾아낸 문제 중 내 사업으로 개선할 수 있는 게 무엇인지 찾습니다. 나 혹은 내 팀원이 할 수 있는 능력을 바탕으로 찾으면 됩니다. 다시 로고 디자인 사업을 예로 들자면, 1등 기업을 이용했는데 시안을 받기까지 너무 오래 걸린다는 게 가장 불편했다면 내 사업을 통해서 시안 제작 기간을 단축시킬 수 있는지 따져보는 겁니다. 로고의 디자인 유형을 미리 분류해 고객이 주문 당일 바로 시안을 제공받을 수 있게 한다면 이를 차별화 포인트로 삼을 수 있겠죠.

넷째, 그 개선점을 적용해 내 사업이 유사 서비스를 제공하는 기업들과 어떤 점이 다른지 홍보합니다. 당신이 느낀 불편함이 많은 소비자가 느끼고 있는 것이었다면 이제 소비자들은 당신의 서비스를 찾게 될 것이고, 그다지 불편한 요소가 아니었다면 외면할 겁니다.

그렇게 당신이 차별화 전략으로 사업을 뾰족하게 수정했는데도 고객들이 반응하지 않는다면, 이 4단계 전략을 따라 반복하며 소비자의 진짜 불편 사항을 찾아 개선하는 사업을 만드세요. 물론 말이 쉽지 이를 행동으로 옮겨 실행하는 건 어렵습니다. 대다수의 사람들이 하지 않는 것도 이 때문이죠. 하지만 바로 그렇기에 우리에게 기회가 있는 것입니다.

레드오션은 뒤돌아서야 할 시장이 아니라,
오히려 뛰어들어야 할 시장이다.

박리다매 혹은 고급화

사업을 기획할 때 2가지 노선 중 하나를 선택하면, 조금 더 수월하게 시작할 수 있습니다. 2가지 노선이란 나의 상품이나 서비스를 싸게 많이 팔 것이냐, 적어도 비싸게 팔 것이냐입니다. 무엇이 정답이라고 할 수는 없기에 두 노선의 장단점을 살펴봅시다.

우선 싸게 많이, 즉 박리다매 전략입니다. 이 전략에서 가장 중요한 것은 사업의 효율성입니다. 여기서 효율성이란, 상품 1개를 만들고 판매하는 데 들어가는 비용이 적다는 의미입니다. 이 비용에는 돈뿐 아니라 시간도 포함됩니다. 예를 들어서, 10만 원짜리 로고 디자인을 해주는 데 100만 원이 든다거나 1개월이 소요된다면 어떨까요? 해서는 안 되는 사업이겠죠. 들어가는 비용을 대폭 줄이거나 1시간 이내로 만들 수 있는 수준으로 사업 전반을 조정해야 할 겁니다. 이처럼 박리다매 전략에서는 빠른 회전과 효율성에 집중해야 합니다.

박리다매 전략의 장점은 소비자 입장에서 진입장벽이 낮다는 겁니다. 고급화 전략에 비하면 다수의 고객을 만나기도 쉽죠. 해서 사업 경험이 부족하다면, 일단 상품을 저가로 판매하면서 많은 고객을 만나볼 기회를 쌓을 수 있습니다. 다만 이것이 곧 단점이 될 수 있는데, 상대해야 할 고객이 많다 보니 CS^{customer service} 관련 업무가 상당히 늘고 그로 인한 커뮤니케이션 소통 오류 등으로 스트레스를 받을 수도 있겠죠.

그럼 두 번째 적어도 비싸게 파는 고급화 전략은 어떨까요? 이 전략에서 가장 중요한 것은 질, 즉 퀄리티입니다. 제품이든 교육 프로그램이든 서비스든 값이 비싸면 고객에게 그만한 가치를 선사해야 합니다. 고객 입장에서 진입장벽이 높은 편이기에, 결과물에 대한 보장을 강조하면 좋습니다.

예를 들어, 다이어트를 위해 헬스장에서 전문 트레이너에게 일대일 PT를 받는다고 합시다. 3개월에 90만 원인 곳이 있는가 하면 3개월에 300만 원을 이야기하는 곳도 있을 겁니다. 그런데 후자처럼 300만 원을 받는 곳이라면 홍보 시 이런 조건을 내걸 겁니다. '살이 빠지지 않을 시 100% 환불!' 당신이라면 어떤 헬스장에 가겠습니까? 금전적 여유가 있고 정말 다이어트가 절실한 상태라면 돈을 더 내더라도 확실한 감량을 약속하는 헬스장에 가겠죠. 고급화 전략은 다수의 소비자를 모으기 힘들다는 단점이 있지만, 상대하고 관리해야 할 고객이 적다는 게 장점이기도 합니다. 따라서 1인기업 내지 소규모 회사를 운영한다면 박리다매보다 고급화 전략을 목표로 삼는 게 유리할 수 있습니다.

7

상품화 없이는 수익도 없다

제가 사업 초창기에 가장 많이 한 실수는 '제대로 팔지 못한 것'입니다. 고객이 원하는 것을 만들어낼 실력은 있었지만, 저의 세일즈 능력은 제로에 가까웠습니다. 그래서 되려 고객이 제시한 가격에 순응하며 일을 해주는 일이 반복됐죠. 그러다 보면 어떤 일이 생길까요? 웬만한 일은 거의 무료로 해주고 있는 자신을 발견하게 됩니다. 세일즈 능력도 문제였지만, 이렇게 된 데는 제게 바로

'이것'이 없었기 때문이라는 사실을 나중에야 깨달았습니다. 그게 무엇이냐고요? 바로 '상품'입니다. 당신이 마케팅을 잘하든 블로그 운영을 잘하든 디자인을 잘하든 그것으로 수익을 내려면, 그 능력과 기술을 남들이 돈 주고 살 만한 '상품'으로 만들어야 합니다. 다음과 같은 상황을 생각해 봅시다.

당신은 인기 블로거입니다. 당신이 운영하는 블로그에 매일 2,000명이 방문하고 있죠. 학원을 운영하고 있는 당신의 지인 A 씨가 이를 보고, 블로그를 통해서 학생을 모집할 수 있겠다는 생각이 들었습니다. 그런데 블로그 운영 경험이 없다 보니, 당신에게 자신의 학원 블로그를 운영해 줄 수 있는지 물어봅니다. 하지만 당신은 지금까지 한 번도 돈을 받으며 다른 사람의 블로그를 운영해 본 적이 없습니다. 또 큰돈을 받으면 정말 잘해야 될 것 같다는 부담감에 어쩐지 자신이 없어집니다. 그런데도 A 씨의 거듭되는 부탁을 거절할 수 없어서 블로그 운영을 대행해 주는 대가로 터무니없이 저렴한 가격을 불렀죠. A 씨는 그 제안을 덜컥 받아들입니다. 이제 어떻게 될까요? 당신은 지인의 블로그 대행 업무를 하는 내내 불평하게 됩니다.

슬프지만, 제 이야기입니다. 저는 이런 문제를 반복적으로 겪었고 이 난관을 어떻게 돌파해야 할지 전혀 알 수 없어 답답했습니다. 하지만 내 기술과 능력을 '상품'으로 기획해야 한다는, 아주 단순한 진리를 깨달은 후로부터는 같은 문제를 겪지 않게 되었죠. 현재는 고객이든 지인이든 제안이 들어오면 언제나, 할 수 있는 일을 상품으로 만든 뒤 소개합니다.

A 상품: 월 150만 원 플랜. 1개월간 블로그 디자인 포함 20개의 포스팅 작성. 3개월 단위 계약.

B 상품: 월 200만 원 플랜. 1개월간 블로그 디자인 포함 30개의 포스팅 작성. 블로그 운영 교육 및 컨설팅 포함. 2개월 단위 계약.

이런 식으로 말이죠. 그렇다면 자신이 할 수 있는 일을 어떻게 상품화할 수 있을까요? 또 내 기술을 필요로 하는 곳이 있는지, 어느 정도 가격대가 합리적인지 어떻게 판단할 수 있죠? 도저히 감을 잡을 수 없다면 주변을 둘러보세요. 앞서 말했듯, 당신이 먼저 고객이 되어보는 겁니다. 당신이 하려고 하는 일로 비즈니스하고 있는 이들이 어떤 일을 어느 정도 대가로 서비스하고 있는지 '상도에 어긋나지 않는 선'에서 찾아보고 힌트를 얻는 겁니다. 적어도 3곳 이상을 살펴봐야 합니다. 그렇게 하면 대략적으로 감을 잡을 수 있을 겁니다.

다만 사업을 상품화할 때는 가급적 쉽게 설명할 수 있어야 합니다. 내가 설명하기 어려운 일이라면 고객이 이해하지 못할 게 당연합니다. 최대한 심플하게 만들어봅시다.

8

작게 시작하고 빨리 망해볼 것

사업가의 최악의 시나리오는 무엇일까요? 다들 '망하는 것'이라고 생각할 겁니다. 하지만 저는 '망한다'와 '실패한다'의 정의를 새롭게 해야 한다고 생각합니다. 사업을 시작하자마자 곧장 성공한다면 정말 좋겠죠. 그러나 그럴 일은 거의 없다고 봐야 합니다. 성공 경험이 있는 사람은 성공 확률을 지속해서 높여갈 수 있을지 몰라도, 이렇다 할 성공을 한 번도 경험해 본 적 없는 사람은 수많은 실패가 예정되어 있습니다. 이를 인정해야 합니다. 당신이 지금 계획하고 실행하려는 것? 실패할 확률이 90%일 겁니다.

'실패할 확률이 90%나 된다고? 그럼 하지 않을래!'라는 마음이 들 수 있죠. 그런데 이를 다르게 생각해 보면 성공할 확률이 10%라는 겁니다. 10번 도전해서 1번 정도는 성공할 수 있다는 것이기도 하고요. 사업은 1개 아이템으로 도전해 단번에 성공시키는 것이 아니라, 사업의 씨를 최대한 많이, 여러 개 뿌려서 그중 되는 것에 집중해 키우는 것입니다. 뿌린 씨앗의 대부분은 실패로 돌아가겠죠. 단, 이 실패한 사업 역시 어느 정도 계획된 것이어야 합니다. 실패에도 3가지 원칙이 있습니다.

첫째, 시도하고 실패하는 과정까지 오랜 시간이 걸려선 안 됩니다. 앞서 말했지만 저는 3개월 정도가 적당하다고 생각합니다. 이 정도면 꾸준히 실행한다는 전제하에 적어도 1년에 4번 정도의 시도와 실패 사이클을 경험할 수 있습니다. 그러면 2~3년 안에 하나 정도는 터진다는 계산이 나오죠.

둘째, 시도할 때 비용이 많이 들어서는 안 됩니다. 10번 시도해야 하는데 1번 시도할 때마다 수천만 원이 든다면 성공하기까지 버텨낼 수 있는 사람이 얼마나 되겠습니까? 그러니 자신이 감당할 수 있는 크기로 시도해야 합니다.

셋째, 실패했을 때는 반드시 배울 점을 찾고 같은 실패를 반복해서는 안 됩니다. 왜 실패했는지 복기하고 문장으로 정리해 '오답 노트'를 만들길 바랍니다. 그렇게 하다 보면 성공 확률도 점점 높아질 수밖에 없습니다.

9

일단 10만 원이라도 벌어라

어떤 사업을 시작해야 할지 감이 왔다면 본격적으로 돈을 벌어봅시다. 사업을 하면 월 매출 1,000만 원, 1억 원이 어렵지 않을 것 같다고 생각했을지 모르지만, 막상 시작하면 단돈 10만 원 벌기도 쉽지 않다는 걸 알게 됩니다. 다른 사람의 지갑을 여는 일은 생각보다 어렵습니다.

그런데 그 어려운 10만 원을 일단 벌고 나면 어떻게 100만 원을 벌 수 있을지가 보입니다. 그렇게 100만 원을 벌고 나면 어떻게 해야 500만 원 매출을 올릴 수 있을지 보이죠. 500만 원을 벌면 1,000만 원까지! 그렇게 꾸준히 나아가다 보면 어느새 1억 원 매출 달성이 코앞에 있을 겁니다.

사업의 시작은 우선 10만 원을 버는 것부터입니다. 멋진 랜딩 페이지도, 명함도, 로고도, 브랜드명도 필요 없습니다. 저의 경우 월 1,000만~2,000만 원의 매출을 낼 때도 명함이 없었습니다. 많은 직원이나 그럴싸한 사업의 체계도 필요 없습니다. 어설프고 엉터리같이 보여도 일단 매출을 내는 게 중요합니다. 본래 사업 초기에는 모든 일이 '우당탕탕' 펼쳐집니다. 대기업에서나 경험할 수 있는 완벽한 체계를 갖추고 시작하려고 해서는 안 됩니다.

이렇다 할 체계가 없어도 일단 10만 원을 벌고 나면 자신감이 붙습니다. 그 자신감을 사업으로 이어가야 합니다. 한 번의 시도 없이 한방에 1,000만 원을 버는 일은 거의 없기도 하거니와 안전하지도 않습니다. 단계적으로 쌓아가야 쉽게 무너지지 않는다는 것도 기억하세요.

사업의 시작은
10만 원을 버는 것부터다.

10

투잡으로 시작하고, 본업은 늦게 놓을 것

소비자들이 어떤 제품을 원하는지, 어떤 서비스가 나오길 기대하는지 우리는 알기 어렵습니다. 무엇이 확실히 돈이 되는지도 알 수 없죠. 그래서 도전해 보고 테스트해볼 기간이 필요합니다. 짧게는 몇 주일 수도 있지만, 길어지면 수개월, 몇 년이 걸릴 수도 있죠. 문제는 그 기간 동안은 돈을 벌지 못하고, 있는 돈을 계속 까먹기만 해야한다는 겁니다. 이 상황에서 직업도, 그로 인한 수입도 없다면 어떻게 되겠습니까? 조급해져서는 자꾸만 빨리 갈 수 있는 길을 찾게 되고, 금전마저 떨어지면 버티지 못해서 결국 포기하게 될 수 있습니다.

반면, 본업이 있는 사람은 사업을 하게 되더라도 조금은 시큰둥한 마음으로 시작하게 됩니다. '잘되면 좋고, 안 되면 말고' 이 정도의 마음인 거죠. 그런데 바로 이런 마음가짐을 가져야 오히려 성공하기 쉽습니다. 일단 해 보고 된다 싶으면 그때 올인해도 늦지 않습니다. 적어도 매달 200만 원가량은 들어와야 합니다. 이 정도가 자본 주의 사회에서 목숨을 이어갈 수 있게 하는 산소호흡기라고 생각하세요. 산소호흡기를 떼버리면, 잠깐이라면 몰라도 금세 숨을 쉴 수 없어서 죽고 맙니다. 그러니 일 단은 투잡으로 시작하고 본업은 최대한 늦게 놓으세요. 사업 초기에 무모해지면 안 됩니다. 경계해야 할 것은 지는 것이 아닌, 지치는 것입니다.

11

공짜로는 일하지 말라

누군가가 그랬습니다. "진심은 돈으로 전하라"고. 돈이 있는 곳에 사람의 마음이 있다는 말에 어느 정도 공감할 겁니다. 사업가로서 제가 자주 실수했던 것도 바로 이 부분이었습니다. 어쩐지 조금 더 잘해주고 싶은 마음에 고객이 요청하지도 않은 서비스를 무료로 제공해 주곤 했죠. 해주는 사람도 자발적으로 한 것이고 고객 역시 공짜로 받은 것이니, 서로 좋은 것 아닌가요? 하지만 그렇지 않습니다.

어떤 일이든 그 일이 완성되기까지는 노동자의 수고가 들어갑니다. 보수 없이 일하기로 결심했더라도 그 일을 마무리하기까지의 기간이 길어지면 지칠 수밖에 없습니다. 그러니 자신이 제공하는 서비스에 대한 확신이 없더라도, 그래서 테스트라도 해볼 요량으로 하는 것이라도, 무상으로는 일하지 마세요. 차라리 나중에 돈을 돌려줄지언정 말이죠. 한번 예를 들어볼까요?

당신이 제품의 상세 페이지를 디자인해 주는 사업을 시작했다고 합시다. 가까운 사람이 당신에게 디자인을 의뢰할 경우, '그냥 포트폴리오를 쌓는다는 마음으로 하지 뭐' 하면서 선뜻 공짜로 해주고 싶을 수 있습니다. 하지만 이런 생각이 들더라도 단돈 10만 원이라도 받는 것으로 하고, 혹여 지인의 마음에 들지 않으면 환불해 주겠다는 약속을 한 뒤 업무에 착수하는 게 좋습니다. 너무 가까운 사이라 굳이 돈을 받고 싶지 않다면, 일단 10만 원을 받고 일을 시작하고 작업이 완수되면 돌려주는 게 낫습니다. 어쨌든 일에 대한 대가를 받아야 좀 더 책임감

있게 행동할 수 있기 때문입니다.

무상으로 일하는 것에 익숙해지면 나중에 자신의 상품을 유료로 파는 것이 어려워집니다. 괜히 미안한 생각이 들기 때문이죠. 작업비를 책정하면 일을 공짜로 해줄 때보다 찾는 사람이 적어질 수 있습니다. 하지만 돈이 오갈 때 서로가 진지한 태도로 그 일에 임한다는 사실을 꼭 기억하세요. 돈을 받고 최선을 다해 일하는 것이 가장 좋습니다.

1

상품을 팔려면 먼저 사람을 모아라

마케팅이란 무엇일까요? 그 뜻을 모르는 사람은 없겠지만, 이 질문에 바로 답할 수 있는 사람도 얼마 없을 겁니다. 마케팅은 말 그대로 'market+ing', 즉 시장에서 살아남기 위해 기업이 하는 모든 경영 활동을 말합니다. 그럼 조금 더 파고들어 봅시다. 어떻게 해야 시장에서 살아남을 수 있을까요? 아주 간단히 말하면, '돈'을 벌어야 합니다. 돈은 어떻게 벌죠? 우리가 가진 물건이나 서비스를 사람들에게 팔아서 벌죠. 이제 해야 할 일이 나옵니다.

'일단 내 상품을 사줄 사람을 모아야겠네!'

이제 사람을 모으는 방법에 대해 알아봅시다. 기업들은 보통 2가지 방법으로 사람을 모읍니다. 첫 번째, 사람들이 자발적으로 오게 합니다. 두 번째, 기업이 직접 사람들을 찾아갑니다. 그중 첫 번째부터 알아봅시다. 사람들이 자발적으로 오게 한다는 건, 기업들이 제작한 유튜브 영상을 예로 설명할 수 있습니다. 기업이 자사 유튜브 채널에 제작한 영상을 올리면 사람들이 이를 보러 갑니다. 이러한 영상 등을 '콘텐츠'라고 부르죠. 콘텐츠를 만들면 사람들이 그것을 보기 위해 자발적으로 옵니다.

두 번째로 기업이 직접 사람들을 찾아간다는 건, 광고를 말합니다. 인스타그램을 넘겨 보거나 유튜브를 시청하다가 우리는 종종 기업들이 만든 광고를 접하게 됩니다. 기업이 광고로 우리를 찾아온 겁니다. 이 기업들은 콘텐츠를 직접 배포하지 않고 구글, 페이스북, 인스타그램, 네이버, 카카오 같은 플랫폼에 자신의 상품에 관한 전단지를 뿌려달라고 요청한 것이죠.

이 2가지 중 하나의 방법으로 사람들에게 내 상품을 소개했는데, 이를 마음에 들어하는 사람이 있으면 구매가 이뤄집니다. 그럼 지금 사업을 막 시작한 상태라면, 이 2가지 중 무엇을 먼저 해야 할까요? 물론, 둘 다 하는 것이 가장 좋지만 저는 우선 첫 번째 방법으로 시작할 것을 권합니다. 광고는 돈이 듭니다. 콘텐츠를 만드는 데도 돈이 들긴 하지만, 우리가 스스로 직접 만들어 배포할 수 있기에 비용을 줄일 수 있죠.

또한 광고는 약속한 돈을 모두 집행하고 나면 광고물이 연기처럼 소멸하지만, 우리가 만든 콘텐츠는 계속 남아있기에 사업의 자산이기도 한 콘텐츠들을 축적할 수 있다는 점에서도 좋습니다. 예를 들어, 100만 원으로 인스타그램 광고를 집행하면 해당 금액이 모두 소진된 후엔 아무것도 남지 않지만, 100만 원을 투자해서 영상 5개를 만들면 그 영상들이 쌓인다는 이야기입니다.

따라서 사업 초기에는 콘텐츠를 만들어서 사람을

모으는 방법이 가장 좋습니다. 그렇다고 고객을 찾아가는 광고의 효율이 떨어진다는 이야기는 아닙니다. 그저 이제 막 사업을 시작한 경우 광고를 크게 할 만한 여건이 아닐 가능성이 크기에 랜딩 페이지나 후기 등을 활용해 일단 콘텐츠를 만드는 것이 유리하다는 말입니다.

주변을 둘러보세요. 사실 우리는 하루에도 수십 개의 콘텐츠를 소비하고 있어서 이를 만드는 것은 그리 어렵지 않을 겁니다. 다만 이를 사업에 활용한다는 것은 조금 낯설게 느껴질 수 있습니다. 사실 이런 스타일의 마케팅은 최신 트렌드가 아닙니다. 콘텐츠로 사람을 모으고 자신의 상품을 파는 비즈니스는 오래전부터 존재했습니다. '약장수'가 대표적이죠.

직접 본 적은 없지만, 영화나 TV를 통해 접하게 되는 약장수의 모습은 대개 이렇습니다. 일단 차력쇼나 종이컵 속 구슬 찾기 같은 공연 등을 하면서 사람들의 관심을 끕니다. 대수롭지 않은 일처럼 지나치고 그런 공연에 별 관심이 없던 사람들도 몇 명이 발길을 멈추고 모이기 시작해 그렇게 서너 명이 되면, 갑자기 인파가 구름떼처럼 몰립니다. 그렇게 쇼가 끝날 때쯤에 약장수는 약의 효능을 언급하면서 약을 홍보하기 시작합니다. 사람들에게 있지도 않는 허황한 이야기로 사기를 치라는 말은 아닙니다. 중요한 것은, 차력쇼라는 콘텐츠를 이용해서 사람을 모으고 팔고자 하는 상품을 홍보해 판매하는 겁니다. 저는 이와 같은 제품 판매의 형태가 온라인으로 옮겨왔다고 생각합니다.

유용한 정보를 소개하든, 자극적인 이야기를 늘어놓든, 사람들을 웃게 하는 콘텐츠를 만든다면 사람들이 모이기 시작할 것입니다. 단, 그 콘텐츠가 정말 유용하거나 정말 재미있을 때만 가능하겠죠.

2

좋은 것을 무료로 줄 때 사람은 모인다

사람을 모으는 방법에 관해 더 이야기해 봅시다. 사람들이 종종 제게 묻습니다. 콘텐츠로 사람을 모아야 되는 건 알겠는데, 어떻게 해야 잘 모을 수 있는지는 잘 모르겠다고, 그 비결을 하나만 알려줄 순 없느냐고 말이죠. 그럴 때마다 저는 이렇게 답합니다.

"가장 좋은 콘텐츠를 무료로 주세요!"

사람들은 자신이 가장 소중하게 여기며 아끼는 콘텐츠를 무료로 제공하는 것을 두려워합니다. 제공받은 사람들이 공짜로 그 콘텐츠만 쏙 빼먹고 정작 상품은 구매하지 않으면 어떡하지 싶어서죠. 하지만 그렇지 않습니다. 당신이 아끼고 웬만해서는 공개하고 싶어 하지 않는 그 콘텐츠를 무료로 제공하는 것이 당신의 상품이나 서비스의 가치를 증명하는 가장 확실한 방법입니다. 아무리 좋은 것을 가지고 있어도 정작 고객이 사용하지 않으면 의미가 없습니다. 그러니 일단 무료로라도 경험하게 해야 합니다.

이런 말을 들으면 의문이 생길 겁니다. '무료 봉사하는 것도 아니고 공짜로 다 주면 무엇으로 먹고살아? 유료와 무료의 차이는 어떻게 내라고.' 제가 하는 말이 정답은 아닐 겁니다. 하지만 저는 좋은 콘텐츠를 무료로 제공하는 건 큰 그림을 그리는 것이라고 생각합니다. 지금 당장은 수익이 나지 않고 손해를 보는 것 같더라도 나중에 큰돈을 벌면 됩니다. 수익을 내는 시간을 나중으로 미루는 겁니다. 《혁명의 팡파르》의 저자 니시노 아키히로도 이와 같이 말합니다. 사업은 처음엔 손해 봐도 나중에 돈을 벌면 되는 것이기에 사업을 실행하는 순간과 수익을 내는 순간이 반드시 동일할 필요는 없습니다. 씨앗을 심는 순간 열매가 나오는 건 아닌 것처럼 우리의 행동과 그에 대한 결과에는 시차가 존재한다는 걸 이해해야 합니다.

제가 굳이 가장 좋은 콘텐츠를 무료로라도 제공하라고 하는 데는 또 다른 이유가 있습니다. 이제 사람들에겐 무엇인가를 꼭 살 필요가 없기 때문입니다. 상품이 너무 많고 내 것이 아니더라도 내 것을 대신할 대체품이 많습니다. 살아가는 데 꼭 있어야 할 대부분의 필요가 채워졌죠. 그런 상황에서 내 제품이나 서비스를 팔려면 그들이 구매하고 싶도록 '제안'을 해야 하는데, 제안의 가장 좋은 방법이 무료 제공을 통해 내 서비스를 경험하게 하는 겁니다. 대형마트의 시식 코너처럼 말이죠.

게임을 예로 들어볼까요? 리그오브레전드league of legends라는 게임이 있습니다. 이 게임은 공짜로도 할 수 있는데, 무료 버전의 경우 캐릭터 선택의 폭이 좁습니다.

저는 보통 '퀸'이라는 캐릭터를 선택해 게임을 하는데 이 캐릭터는 유료 결제를 해야만 선택할 수 있죠. 이런 방식으로 고객의 구매를 유도하는 전략을 '부분 유료화' '프리미엄'이라고 부릅니다. 유튜브 프리미엄도 1개월은 무료로 쓸 수 있게 해주지 않나요? 이렇게 많은 기업이 자신의 제품이나 서비스를 일단 무료로 제공해 소비자들이 경험할 수 있게 합니다.

그럼 무료와 유료의 차이를 어떻게 두어야 할까요? 핵심은 유료일 경우 무료와 비교되는 가치를 만든다는 것인데, 저는 4가지 방법을 생각해 봤습니다.

1. 더 큰 만족감을 준다(ex. 좀 더 고급 정보를 준다).

2. 한결 사용하기 편하게 만들어준다(ex. 광고를 제거한다).

3. 고객의 시간을 아껴준다(ex. 파편화된 정보를 큐레이션해 고객이 정보를 찾는 데 소요되는 시간을 단축시켜준다).

4. 개인화한다(ex. 1:1 혹은 맞춤 서비스를 제공한다).

앞으로는 더욱 많은 정보가 무료로 제공될 것입니

다. 겨우 2년 전만 해도 찾기도 어렵고 희소하게 여겨졌던 지식이 이제는 유튜브 그리고 챗GPT 등을 통해 대중들에게 공짜로 배포되고 있지 않나요? 지금 우리가 돈을 주고 구입하는 정보와 지식도 2년 뒤에는 그렇게 될 가능성이 큽니다.

당신 상품의 가치를 증명하는
가장 확실한 방법은
콘텐츠를 무료로 제공하는 것이다.

3

모두를 만족시킬 순 없다

몇 주 전부터 당신의 어금니에 통증이 시작되었다고 가
정해 봅시다. 처음엔 대수롭지 않게 여겼는데 통증이 점
점 심해져서 치과를 찾았습니다. 의사는 당신의 입을 벌
리게 해 구강 상태를 꼼꼼히 살펴본 뒤, 치아 손상이 심
하고 잇몸이 좋지 않다며 어금니 발치 후 임플란트를 해
야 한다고 말했습니다. 역시 치과는 안 아플 때 가면 50만
원, 아플 때 가면 500만 원이 든다더니, 진짜네 싶을 겁

니다. 어쨌든 임플란트를 해야 한다는 진단을 받았으니 이제 믿을 만한 치과를 찾아야 합니다. 인터넷 검색과 지인의 소개를 통해 당신은 치과 2곳을 찾았습니다. 한 치과는 충치, 발치, 임플란트를 비롯한 각종 치료와 시술을 하고, 다른 치과는 임플란트만 전문적으로 하는 치과입니다. 둘 중에 당신은 어느 치과에서 임플란트 시술을 받겠습니까? 당연히 후자가 아닐까요?

또 다른 가정도 해봅시다. 당신이 음식점을 하려고 합니다. 상가 임대가 완료되어 인테리어를 하고자 몇몇 업체를 소개받았습니다. 이번에도 2곳으로 선택지를 좁혔는데, 한 곳은 종합 인테리어 업체이고 다른 한 곳은 규모가 작긴 하지만 음식점 전문 인테리어 업체입니다. 당신이라면 둘 중 어떤 업체를 선택하겠습니까? 또 후자일 겁니다.

이처럼 고객은 구매를 결정할 때, 특히 그것이 서비스업일 경우 해당 업체가 그 분야에 경험이 많은지 살펴봅니다. 절대 손해를 보고 싶지 않은데, 경험이 많을수록 실수할 확률도 줄어들 거라 생각하기 때문이죠.

그런데 사업을 처음 시작하면 어떤가요? 자본도 실력도 경험도 부족합니다. 그래서 다양한 고객들을 만족시키기 어렵습니다. 따라서 내가 만족시킬 수 있는 사람에게 집중하는 편이 효율적입니다. 내가 사업의 타깃으로 삼아야 할 사람들이 누구일지 모르겠다면, 모든 고객의 유형을 세분화시켜 보세요. 4단계에서 소개한 비즈니스 캔버스를 활용하면 좀 더 쉬울 겁니다. 그렇게 정리한 타깃 중 하나에 집중하는 게 좋습니다.

홈페이지 제작 사업을 예로 들어보겠습니다. 홈페이지가 필요한 회사는 어떤 회사들일까요? 무작위로 나열하겠습니다.

세무사, 회계사, 노무사, 변호사 사무실, 병원, 한의원, 의류 쇼핑몰, 디자인 컨설팅 회사, 마케팅 회사, 미디어 회사, 농수산물 쇼핑몰, 잡지 월간 구독 회사, 온라인 교육 회사, 학원 등…

이 책에 모두 적을 수 없을 만큼 많겠죠. 일단 생각

나는 대로 모두 적었다면 이들 중에서 내가 만족시켜줄 수 있을 것 같은 고객은 누구인지 찾습니다.

쇼핑몰 → 결제 시스템을 붙여야 하는데 어려우니 패스.
디자인 회사 → 디자이너들을 만족시킬 만큼 감각적인 디자인을 할 수 없으니 패스.

이런 식으로 내가 하기 버거울 것 같은 고객층을 지워가다 보면, 많이 정리가 될 겁니다. 그래도 그중에 남는 게 있을 텐데, 그것을 선택하면 됩니다.

병원 → 관계자들을 만족시킬 정도의 홈페이지는 제작할 수 있을 것 같다.

저는 병원을 타깃 고객으로 선택했습니다. 그다음으로 해야 할 일은 무엇일까요? 바로, '경험'을 쌓는 것입니다. 바로 우리 회사가 병원 홈페이지 전문 제작 회사라고 홍보할 수 있는 근거를 만드는 것이죠. 의료 관련 일러스트를 무료로 그려준다든가, 의사들의 프로필 사진을 찍어준다든가, 의료법을 위반하지 않는 범위 내에서 공부를 한다든가 하면서 말이죠. 특히 다른 홈페이지 제작 회사에서는 제공하지 못하는 서비스들을 해줄 수 있게 준비합니다.

이러한 과정을 거쳐 병원 홈페이지 전문 제작 회사로서의 구색을 갖추게 되었다면, 직접 고객을 찾아가 계약을 성사시키고 사업 포트폴리오를 하나씩 늘려가는 겁니다. 보통 분야 구분 없이 각종 기업의 홈페이지를 제작해 주는 회사들은 규모가 크고 인원이 많더라도 이렇게 세분화된 분야에까지 신경 쓰기 어렵습니다. 그래서 우리가 파고 들어갈 수 있는 틈이 생기는 것이죠!

아직도 사업이 망설여지나요? 일단 한 분야를 선택하고 그 타깃 고객만 만족시켜 보세요.

4

팔지 말고 도와주라

사업가에게 주어진 가장 큰 과제는 자신의 상품이나 서비스를 잘 파는 것, 즉 세일즈일 겁니다. 실제로 다른 사람에게 자신의 상품을 파는 것이 부담스러워서 사업에 도전하지 못하는 사람도 많죠. 그런데 내 상품을 정말 잘 팔려면 어떻게 해야 할까요? 고객을 속여서라도 내 서비스를 사게 만드는 언변술이 필요한 걸까요? 세일즈에 대한 생각은 사람마다 다르겠지만, 저는 가장 좋은 건 내가 먼저 고객을 도와주는 것이라고 생각합니다.

고객은 대부분 어떠한 문제 때문에 고통받거나 힘들어서 이를 해결하고 싶어 합니다. 그런 상황에서 누군가가 나타나 그 문제를 해결해 준다면 얼마나 고맙겠습니까? 그런데 정작 문제를 해결할 만한 사람이 나타난다고 고객이 쉽게 손을 내미는 건 아닙니다. 인간에게는 낯선 사람을 경계하는 벽이 있기 때문이죠. 그 벽을 허무는 것이 바로, '신뢰'입니다.

당신의 상품이나 서비스를 파는 것이 어렵다고요? 아직 고객들이 당신에 대한 신뢰를 충분히 쌓지 못했기 때문입니다. 판매 밑바탕에는 신뢰가 있다는 걸 기억해야 합니다. 만약 누군가가 저를 향한 두터운 신뢰를 갖고 있다면 갑자기 제가 사과를 팔아도 살 것입니다. 적어도 그들에겐 '나쁜 것을 속여서 파는 사람은 아니지' '좋으니까 소개하겠지' '손해 볼 일은 없을 거야' 같은 저에 대한 믿음이 있기 때문이죠. 그러니 팔고 싶다면, 고객에게 신뢰부터 얻으세요. 어떻게 신뢰를 얻을 수 있느냐고요? 고객들에게 실질적인 도움을 '무료로' 주면 됩니다.

예를 들어, 당신이 보험 컨설턴트라고 합시다. 어느 날 고객에게 전화를 걸어 이렇게 말했습니다.

"고객님, 새로 나온 암 보험이 있는데요, 이 보험은 지금까지 나온 보험과는 달리 보장 금액이 커요. 그래서…"

이런 식으로 무작정 당신이 팔려는 상품에 대한 설명을 늘어놓으면 어떨까요? 고객은 당장 '이 사람이 내게 보험을 팔려고 하는군' 하며 경계심을 발동할 겁니다. 일단 그렇게 되면 고객의 마음을 열기가 더욱 힘들어지겠죠. 그럼 다음처럼 접근해 보면 어떨까요?

"고객님, 지금 보험료로 얼마를 내고 계세요? 그게 월급 대비 몇 % 정도죠? 제가 연봉과 대비해서 고객님이 합리적인 액수로 보험료를 내고 계신지, 정작 필요 없는데 과잉 지급하고 있는 건 없는지 한번 체크해 드릴게요. 직접 만나기 번거로우시니까 비대면으로 무료로 상담도 해드려요."

어떤가요? 고객에게 새로운 보험을 팔려는 의도가 노골적으로 드러나진 않습니다. 이처럼 처음 고객을 대할 때는 무언가를 팔려는 의도가 전혀 없는 것처럼 하는 게 좋습니다. 고객이 불편을 느끼고 있을 만한 게 무엇인지, 모르고 있을 가능성이 큰 것은 무엇인지 등 이와 관련된 충분한 지식과 정보를 제공하고 세일즈가 아닌 컨설팅을 해주는 겁니다. 고객에게 '실제로 보험 관련 문의할 것이 생기면, 이 사람에게 연락해야지' 하는 마음이 들 때까지 말이죠. 이는《1인 기업을 한다는 것》의 저자 이치엔 가쓰히코가 본인의 책에서 강조하는 내용이기도 합니다. 당장은 그 고객에게 상품을 팔지 못한다고 해도 이러한 과정을 거치며 고객은 당신에 대한 좋은 인식을 갖게 되고 이로 인해 신뢰가 쌓일 겁니다. 그렇게 되면 본인에게 암보험이 필요하거나 지인 중에 누군가가 필요하다고 할 때 당신에게 연락할 가능성이 크겠죠.

이러한 이유로 저는, 제 사업을 시작했을 때 홈페이

지 하단에 이렇게 적어두었습니다.

'타업체에서 받은 견적이 합리적인지 비교해 드리겠습니다.'

세일즈와 판매에는 시차가 존재합니다. 지금 상품을 막 내놓고 세일즈해도 고객에게 팔리기까지는 시간이 필요하죠. 핵심은 '빚진 감정'입니다. 고객이 당신에게 그런 감정을 느낀다면 그 상품이 필요해질 때 당신을 찾게 될 것입니다. 상품을 팔기 위해 조급한 마음으로 다가가면 고객은 더 멀리 도망간다는 걸 기억하세요. 고객을 도와주겠다는 마음을 가지면 고객이 자발적으로 다가올 것입니다.

고객이 '빚진 감정'을 갖게 되면
당신을 찾게 될 것이다.

5

신규 고객보다 기존 고객을 붙잡아라

'획득 비용'이라는 말이 있습니다. 한 고객을 얻는 데까지 드는 비용을 뜻하죠. 획득 비용으로는 얼마가 적정할까요? 물론 판매하는 상품에 따라 다르겠지만, 우리의 이익보다는 적어야 할 것입니다. 1개가 팔리면 1만 원을 버는 상품을 판매 중인데, 신규 고객을 데려오는 데 1만 1,000원이 든다면 손해를 보는 것이니까요.

이처럼 사업을 존속하려면 획득 비용을 줄여가야

합니다. 획득 비용을 획기적으로 줄이는 방법이 있는데, 그것은 기존 고객을 유지해가는 것입니다.

예를 들어볼까요? 당신이 블로그 운영 사업을 한다고 가정해 봅시다. 당신의 서비스를 한 번도 이용해 보지 않은 고객은 당신에 대한 신뢰가 없기에 그들을 설득하는 일부터 해야 합니다. 미리 제작해 둔 광고 이미지와 포트폴리오를 보여주며 설득하든, 관련 콘텐츠를 여러 번 소비하게 하여 설득하든, 직접 만나서 일대일 상담을 하며 설득하든, 당신에게 블로그 운영을 맡겨야 하는 이유를 열심히 설명해야겠죠. 이러기까지는 매출이 발생하기 전이므로 손익을 따져보자면, 손해 보는 시간입니다.

열심히 설득한 끝에 결국 고객의 블로그를 한 달 운영하는 대가로 100만 원짜리 상품을 팔게 되었습니다. 그때까지 소요된 비용은 인건비까지 합쳐 대략 20만 원입니다. 그럼 이익은 80만 원이 되겠죠. 그런데 당신을 통해 블로그를 운영한 그 고객이 1개월이 지났을 때 당신의 서비스가 마음에 들었는지 다음 달에도 이어서 하고 싶다고 합니다. 그렇다면 이번에는 획득 비용이 발생하지 않을 겁니다. 이익은 당연히 100만 원이 될 거고요. 어떤가요? 기존 고객을 유지하면, 획득 비용이 들지 않으므로 매출을 보다 안정적으로 끌어갈 수 있습니다.

초기 사업자들이 자주 하는 실수가 바로, 오직 신규 고객을 늘리는 데에만 집중한다는 것입니다. 그것이 더 재미있기도 하고 어쩐지 사업의 규모가 점점 커지고 성장하고 있다는 느낌을 주기 때문인 것 같습니다. 하지만 기존 고객이 계속 이탈하게 되면 사업을 존속하기 어렵다는 걸 명심해야 합니다.

기존 고객이 당신의 상품과 서비스를 통해 성공할 수 있는 방법이 무엇일까 고민하고 계속 연구하세요. 이는 동시에 당신의 사업에 대한 검증이기도 하기에, 신규 고객도 자연스럽게 늘고 성장하게 될 것입니다.

6

한 고객의 모든 문제를 해결하라

획득 비용에 관한 이야기를 더 해보고자 합니다. 획득 비용을 줄이면서 매출을 늘릴 수 있는 방법은 없을까요? 한 고객의 여러 문제를 해결해 주면 됩니다. 대부분의 고객은 1가지 문제만 겪고 있는 게 아닙니다. 자영업자를 예로 들어봅시다.

A 씨는 의류 쇼핑몰을 운영 중입니다. 도통 매출이 늘지 않아 고민하던 그는 몇 가지 문제를 찾았습니다. 촌

스러운 홈페이지와 활성화되지 않은 인스타그램, 감성적이지 않은 사진 등이 원인으로 꼽혔죠. 그래서 일단 촌스러워 보이는 홈페이지부터 개선하기로 했습니다. 괜찮은 홈페이지 제작 업체를 찾아 트렌디하게 개편하니 첫 번째 문제는 해결된 듯했습니다.

하지만 나머지 문제도 풀어가야 합니다. 팔로워가 500명도 채 안 되는 인스타그램이 문제입니다. A 씨는 곧장 인스타그램 운영 대행사를 찾기 시작합니다. 그런데 종전에 자신의 홈페이지를 새롭게 만들어준 업체에서 인스타그램 운영 대행 일도 하고 있네요? 이 회사의 홈페이지 리뉴얼 작업에 만족했던 A 씨는 큰 고민 없이 인스타그램 대행도 그들에게 맡기기로 했습니다.

어떤가요? 이처럼 고객들은 다수의 문제로 어려움을 겪고 있기에 하나의 문제를 해결해 준 업체에 대한 신뢰가 있다면, 또 그 업체가 자신의 다른 문제까지 해결해 줄 수 있다면, 의심 없이 일을 맡길 겁니다. 사실 고객 입장에서도 새로운 업체를 찾아 일을 맡길 때 위험부담을 떠안아야 하기에 검증된 업체와 일을 하는 게 편하기도 하죠.

이것이 바로, 제가 유튜브 채널 운영 사업과 유튜브 교육 사업, 디지털 마케팅 사업, 홈페이지 제작 사업 등의 다양한 사업 포트폴리오로 가지게 된 이유입니다. 사실 처음에는 유튜브 채널 운영을 대행해 주는 사업으로 시작했습니다. 하지만 저와 일하며 만족했던 고객들이 원하는 또 다른 문제들을 계속 해결해 주다 보니 여러 사업을 만들게 된 것이죠.

이렇게 되면 서로 시너지가 납니다. 각각 다른 문제로 들어온 고객이 나머지 문제를 겪을 경우 쉽게 해결책을 찾을 수 있을뿐더러, 사업가 입장에서도 이러한 해결책을 패키지로 묶어서 상품을 세일즈할 수 있으니 여러 모로 유리합니다. 한 고객의 문제를 깊게 들여다보세요. 거기에 기회가 있습니다.

7

일단 예쁘게 만들어야 한다

저희 집에는 화분이 많습니다. 집에서 근무하는 시간이 많다 보니 거실을 예쁘게 꾸미고 싶어서 마음이 가는 식물을 하나하나 들였더니 어느새 식물원처럼 되어버렸죠. 저의 관심과 애정을 받으며 번성한 식물들은 점차 잎이 무성해져 이내 본래의 화분이 비좁아졌습니다. 분갈이를 해야 할 것 같은데 자칫 애지중지 키운 식물이 죽을까 봐 시도를 못하겠더군요. 그래서 저는 검색을 시작했습니

다. '분갈이 대행.'

　업체 2곳이 나왔습니다. 그중 하나는 홈페이지가 다소 촌스러운 것이 역사가 오래된 곳 같았습니다. 뒤죽박죽인 사진과 정리되지 않은 폰트들. 경험은 많을 것 같았지만 선뜻 마음이 가지 않더군요. 또 다른 업체의 홈페이지는 최신 스타트업의 랜딩 페이지처럼 깔끔한 디자인과 세련된 사진이 돋보였습니다. 소개글도 가독성 있게 잘 정돈되어 있었고 분갈이 대행 신청을 할 경우 어떤 절차에 따라 서비스가 진행되는지도 친절하게 설명되어 있었습니다. 제가 어떤 업체를 최종 선택했겠습니까? 당연히 후자였죠.

　첫인상이 중요하다는 말에 당신은 동의할 겁니다. 서비스도 마찬가지입니다. 사람들이 어떤 상품이나 서비스를 선택하는 데, 대단히 논리적이고 명확한 이유가 있는 건 아닙니다. '그럴싸해 보여서' '어쩐지 잘해줄 것 같아서'라는 식으로 대답할 때가 많죠. 따라서 당신의 사업 소개 페이지를 만들 때는 완벽한 디자인까진 안 되더라도 고객이 호감을 가지고 신뢰감을 느낄 수 있을 정도의 디자인을 해야 합니다.

그렇다면 실력 있는 디자이너를 고용해야 할까요? 비싼 돈을 들여서라도 디자인은 외주를 맡겨야 할까요? 꼭 그렇게 하지 않아도 그럴싸한 디자인을 만들 수 있습니다. 검색을 통해 해외 레퍼런스들을 최대한 참고하길 바랍니다. 저는 주로 '핀터레스트'에서 검색합니다. 홈페이지를 제작할 경우엔 'web design color'라는 단어로 검색해 보세요. 해당 검색 결과물들만 참고해도 실패할 일은 없을 겁니다.

고객에게 신뢰를 얻을 수 있는 디자인 요소만 잘 지키면 됩니다. 컬러, 그리드grid, 폰트. 이 3가지를 기억하세요. 컬러는 핀터레스트에서 검색해 보기 좋은 컬러 조합을 찾습니다. 사실 컬러를 조합하는 것이 가장 어렵습니다. 해서 뛰어난 컬러감을 타고났거나 디자이너가 아니라면 혼자 컬러 조합을 하지 않는 게 좋습니다. 그리드란 텍스트의 간격을 뜻합니다. 좌우 대칭, 상하 간격도 중요합니다. 인간의 눈은 그리드가 살짝 어긋났을 때 불편함을 느끼기 때문이죠. 그리드 오류는 티가 많이 나는 건 아니지만, 고객들이 어쩐지 불편해 거부감을 느낄 수 있으니 신경 써서 맞춰야 합니다. 마지막으로 폰트는 브랜드의 개성을 표현할 수 있는 요소입니다. 그래서 취향에 따라 천차만별로 선호도가 갈리겠지만, 저라면 대세를 따르겠습니다. 돈을 내면 더욱 다양한 유료 폰트를 사용할 수 있지만, 사실 무료 폰트에서 잘만 골라도 고객들에게 깔끔한 인상과 신뢰감을 얻을 수 있는 다양한 폰트를 고를 수 있습니다. 그런데 정말 디자인이나 폰트에 대한 감각이 제로라서 모르겠다 싶다면, '본고딕'을 추천합니다.

최상의 마케팅은 제품의 질, 최고의 전략은 입소문

제가 마케터로 먼저 알려져서 그런지, 어떻게 하면 마케팅을 잘할 수 있느냐는 질문을 종종 받습니다. 그들에게 진짜 도움이 되는 방법을 알려주고 싶어서, 생각을 거듭하며 많이 고민했습니다. 그렇게 얻은 답은 결국 '제품'이었습니다.

한 번도 보지 못한 이색적인 인테리어가 돋보이는 음식점이 인스타그램 팔로워를 1만 명이나 가졌다고 해도, 정작 음식 맛이 별로라면 살아남지 못합니다. 어쩌다 한 번은 찾을지 몰라도 다시 찾을 손님은 없을 테니까요. 쉽게 말해, 재구매가 이뤄지지 않는 것이죠. 그러니 음식점에 손님이 많이 오게 하려면 결국 음식 자체가 맛있어야 합니다.

서비스도 마찬가지입니다. 디자인 대행사가 많은 고객을 유치하려면 디자인을 끝내주게 잘하면 됩니다. 마케팅 대행사가 고객을 늘리려면 마케팅을 기가 막히게 잘하면 됩니다. 의류 쇼핑몰이 많은 고객을 얻으려면 품질 좋고 예쁜 옷을 팔면 됩니다. 사업을 하며 끝까지 신경 써야 할 것은 인스타 팔로워가 아닌, 제품에 대한 고객의 만족도라는 말입니다. 고객들은 이제 속지 않습니다. 아무리 좋은 언변과 자극적인 마케팅 기법으로 제품이나 서비스를 홍보해도, 직접 경험한 고객으로 인해 평판이 남기 때문입니다.

제가 운영 중인 유튜브 채널 에이전시는 온라인 광고를 한 번도 하지 않았습니다. 현재까지 모집된 클라이언트들은 모두 입소문만으로 저희를 찾아왔죠. 첫 번째 고객의 유튜브 채널을 성공시켰더니, 그 고객이 자신의 동료를 소개했습니다. 이후 첫 번째 고객의 경쟁자와 파트너까지, 제가 광고를 특별히 하지 않았는데도 고객들이 먼저 연락을 해왔습니다.

제품에 관한 그럴싸한 광고만 잘 돌려도 제품이 마법처럼 팔려나가리라 생각하는 사람이 많습니다. 착각입니다. 입소문보다 효과적인 마케팅 전략은 없습니다. 그러니 당신의 제품과 서비스의 질을 올리는 데 집중하세요. 고객이 만족하면 알아서 소문이 날 테니까요.

9

마케팅은 천박함과 고상함 사이의 줄타기

어떤 사업가들은 고객에게 멋지게 보여야 한다는 강박을 갖고 있습니다. 그래서 디자인도 뛰어나고 카피도 멋들어진 소위 '있어 보이는' 콘텐츠를 만들고자 애를 쓰죠! 그런데 열정이 지나치다 보니 오히려 가독성이 떨어지거나 소비자가 알아보기 힘든 디자인이 나올 때가 많습니다. 이때 꼭 기억해야 할 것이 있습니다. 아무리 마케팅 콘텐츠라고 해도 고객이 이를 보며 상품을 제대로

이해할 수 없다면 '팔리지 않습니다.'

　반면, 지나치게 자극적인 카피로 정작 중요한 제품의 질을 떨어뜨리는 마케팅 콘텐츠도 많습니다. 이 역시 고객의 외면을 받을 수밖에 없지요. 결국 마케팅은 천박함과 고상함 사이의 아찔한 줄타기입니다. 너무 천박해서도, 지나치게 고상해서도 안 됩니다. 너무 천박하면 욕을 먹고, 지나치게 고상하면 안 팔린다는 걸 기억합시다.

천박하면 욕을 먹고
고상하면 안 팔린다.

10

혼자 하지 말고 위임하라

혼자서 낼 수 있는 매출에는 한계가 있습니다. 아무리 능력이 뛰어나고 체력이 좋아도 하루에 일할 수 있는 시간도 한계가 있게 마련이죠. 저의 경우 매출은 월 1,000만 원이 한계였습니다. 월 1,000만 매출을 계속 유지하거나 그 이상을 해내려면 직원이 필요했죠.

그런데 사업가들이 잘 못하는 것 중 하나가 누군가에게 일을 위임하는 것이 아닐까 싶습니다. 저 역시 그랬습니다. 일단 직원에게 무슨 일을 맡겨야 할지 잘 몰랐고, 그에게 맡겨도 퀄리티를 유지할 수 있을지 믿을 수 없어 불안했습니다. 그렇다 보니 직원이 있음에도 제가 많은 일을 떠맡고 있을 때가 대부분이었고, 그럴수록 사업이 앞으로 나아가질 못했죠. 그렇게 몇 개월이 흐르자, 체력적인 한계에 도달했습니다.

'그래, 조금 손해를 보더라도, 퀄리티가 다소 떨어지더라도 직원에게 업무를 맡기고 다른 것에 집중하자.'

이런 생각으로 마음을 다스리며 과감하게 직원에게 일을 위임했죠. 그러자 비로소 사업이 앞으로 조금씩 나아간다는 느낌이 들더군요. 시간을 벌게 되자, 더 많은 고객을 유치하고 돈을 더 벌 수 있는 사업에 마음을 쓰면서 집중할 수 있게 되었습니다.

당신이 사업가라면, 일을 위임하는 문제로 고민이 많을 겁니다. 직원에게 제대로 일을 맡기려면 업무를 최대한 '매뉴얼화'해야 합니다. 제가 하고 있는 영상 편집

일을 예로 들어봅시다.

전체 영상 시간은 1분 이하, 강조 효과는 20초 간격으로 딱 3번만, 효과음은 A, B, C 중에 하나로 선택, 배경음악은 A로 통일, 브랜드 컬러는 #ccb3d 사용, 로고는 좌측 상단 고정

이처럼 저는 영상 편집 시 지켜야 할 매뉴얼을 만들었습니다. 사실 콘텐츠는 정답이 없는 분야라 매뉴얼화하는 것이 쉽지 않았습니다. 하지만 일이 되게 하려면 구조화 작업이 필요했죠. 저렇게 간단한 매뉴얼에 따라 직원에게 영상을 만들게 하면, 솔직히 제가 직접 고민하면서 만들 때보다 퀄리티가 떨어집니다. 대략 60~70% 수준이죠. 하지만 이 수치는 제가 느끼는 기준이지 다른 사람 눈에도 그렇게 보일지 알 수 없습니다. 어쩌면 최고의 퀄리티로 보일 수도 있겠죠.

사업을 지속적으로 잘하고 싶나요? 그렇다면 혼자 모든 일을 하려고 하지 마세요. 당신이 만들 흥행 작품 속에서 당신은 주연배우가 아닌 감독이 되어야 합니다.

11

직원 영입은 알바부터 차근차근

직원을 영입하고 함께 일할 때도 사업가에겐 어려움이 따릅니다. 사실 업무로 인한 스트레스나 문제는 나의 노력으로 어느 정도 극복할 수 있지만, 사람과의 관계에서 오는 갈등과 트러블은 내가 통제할 수 없을 때가 많기 때문이죠. 따라서 직원이든 팀원이든 사람을 뽑을 때는 신중을 기해야 합니다.

저는 한 사람을 직원으로 영입하기까지 꽤 긴 시간

을 들이는 편입니다. 그동안 함께 시간을 보내보는 게 중요하죠. 처음에는 제가 운영하는 교육 프로그램에 참여한 사람 중에서 협업하면 좋을 것 같은 사람을 눈여겨봅니다. 그런 뒤 그에게 파트타임으로 일할 기회를 줍니다. 그렇게 수개월 함께 일합니다.

그러다가 이 사람이 없으면 내 사업이 성장하는 데 어려움이 있겠구나 싶을 정도가 되면 그에게 정직원으로 일할 기회를 제안합니다. 높은 연봉과 좋은 대우는 기본이죠. 대기업이나 전도유망한 스타트업 등 일할 곳이 많은데, 굳이 작은 회사에서 저와 함께 일해준다니, 얼마나 고맙습니까? 이후에는 그 직원이 지속해서 성장할 수 있게 기회를 주면서 그의 현재와 미래에 관심을 가지는 것이 리더의 역할이라고 생각합니다.

단순히 반복해야 하는 업무가 아닌 이상, '잡코리아'나 '알바몬' 같은 사이트에서 직원을 채용하는 건 추천하지 않습니다. 이제 막 시작한 기업일수록 더욱 그렇습니다. 가능한 한 오랜 기간 관계를 맺으면서 직원의 실력을 테스트해 보고 업무에 임하는 태도가 어떤지도 지켜볼 필요가 있죠. 실력보다 중요한 건 태도입니다. 실력이 부족하면 가르쳐서 채울 수 있지만, 무언가를 배우려고 하는 자세나 사람들과 의사소통하는 방식 등 전반적인 삶의 태도가 잘못 잡혀 있으면 바꾸기가 어렵기 때문이죠.

이러한 이유로 저는 콘텐츠 PD를 영입하기 위해서 콘텐츠 PD를 양성하는 교육 프로그램을 만들기도 했습니다. 직접 교육하면서 함께 일할 수 있는 사람을 찾기 위해서였죠. 이를 통해 매출도 내고 좋은 직원도 채용할 수 있으니, 좋은 구조가 아닐까 싶습니다.

12

딱 2년 선배나 매출이 3배 높은 선배를 찾아라

사업을 하다 보면 길을 잃을 때가 있습니다. 나아가는 방향을 잃지 않는 게 정말 중요한데, 어디로 가야 할지 막막해지곤 하죠. 그때 필요한 것이 선배입니다. 그런데 어떤 선배를 찾아 도움을 구해야 할까요?

본인과 실력의 갭이 지나치게 큰 선배는 당장의 관문을 헤쳐나가는 데 큰 도움이 되지 않을 수 있습니다. 그들이 걸어간 길이 지금 내가 걷는 길과 많이 다를 수도 있고, 그들 입장에선 이미 까마득해진 사업 초기에 겪은 일이라 기억을 잘 못할 수도 있기 때문이죠.

이럴 때는 딱 2년 선배나 매출이 3배 정도 높은 사업을 운영 중인 선배를 찾는 게 좋습니다. 그들이라면 불과 얼마 전 걸었던 길이기에 가장 명확히 기억하고 제일 상세히 가르쳐줄 수 있겠죠. 굳이 2년, 3배 같은 기준을 두는 데도 이유가 있습니다. 바로 1년 선배이거나 매출이 2배 정도 높은 기업일 경우엔, 어쩐지 후배인 당신의 사업이 머잖아 자신을 치고 올라올지도 모른다는 위기감과 시기 같은 묘한 긴장감을 가질 수 있기 때문이죠. 하지만 제시한 선배들은 꽤 앞서나간 상황이라 당신에게 위협을 느끼지 않으므로 보다 편안한 마음으로 노하우를 알려줄 가능성이 큽니다(경험상 이야기하는 것이지만, 그렇다고 모두 그런 건 아닙니다). 그럼 2년 선배, 매출 3배 높은 기업의 운영자들은 어떻게 만날 수 있을까요? 지인을 통해 소개받을 수도 있겠지만, 온라인 강의나 책, 커피챗 등의 서비스로도 만날 수 있습니다.

길이 막혔을 땐 선배의 도움을 받아보세요.

13

리스크를 줄이는 10%의 법칙

사업을 하다 보면 여러 리스트에 직면하게 됩니다. 그중 비용 지출도 사업가라면 반드시 신경써야 할 리스크입니다. 버는 돈보다 나가는 돈이 많으면 당연히 운영이 힘들테니까요.

저는 비용을 지출할 때 '10%의 법칙'을 따릅니다. 예를 들어, 서비스나 제품 판매를 위해 마케팅 비용을 써야 한다면, 일단 목표 매출이나 순이익의 10%만 쓰는 거죠. 그런 뒤 고객들의 반응을 살핍니다. 반응이 좋을 때만 조금 더 증액하는 식으로 하지요. 파트타임 직원을 고용해야 할 때도 마찬가지입니다. 매출이나 순수익의 10%에 해당하는 금액 내에서 인건비를 지출합니다. 그 뒤 인력 고용으로 매출도 오르고 효과도 좋다는 판단이 서면 조금씩 늘려가는 식입니다.

시간도 다르지 않습니다. 새로운 사업 영역에 도전할 때 저는 일단 제 업무시간의 10%를 써서 시행합니다. 해볼 만하다는 생각이 들고 매출이 나올 가능성이 보일 때 시간도 더 추가해서 사용하죠. 이처럼 저는 사업의 모든 영역에서 '10%'의 비용과 시간을, '간 보는 데' 사용합니다. 사업가는 끊임없이 리스크를 줄여가며 움직여야 하니까요.

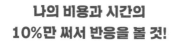

**나의 비용과 시간의
10%만 써서 반응을 볼 것!**

14

사업은 연날리기와 같다

저희 집 근처 공원에 가면 하늘에 검은 점들이 보입니다. 바로 '연'입니다. 공원에서 연을 날리시는, 이름하여 '연 할아버지'들이 계시거든요. 그런데 특이한 게 있다면, 할 아버지들이 1개가 아닌, 1인당 4개의 연을 날리신다는 겁니다. 어느 날엔가 저는 한 할아버지의 연날리기 과정 을 유심히 지켜봤습니다.

할아버지는 연을 일단 던져 상공에 띄우셨습니다.

처음에는 연이 잘 날지 않더군요. 바람이 부족해서였겠죠. 할아버지는 줄을 튕기듯 위로 올려 치면서 어떻게든 연이 바람을 타고 조금씩 위로 올라가게 하셨습니다. 그 동작이 반복되자 어느샌가 연이 바람을 타기 시작하면서 점차 높이 올라갔죠. 하지만 방심은 금물!

연 할아버지는 연과 실에 시선을 고정하셨습니다. 연의 고도가 낮아져 줄이 느슨해지면 줄을 팽팽하게 당겨서 다시 올리셨어요. 그 과정은 계속 반복됐죠. 그러는 사이 바람이 불어 연은 더 하늘 높게 치솟았고요. 이러한 과정이 수없이 반복되자 연이 일정 궤도에 올랐습니다. 이젠 줄을 팽팽하게 당기지 않아도 연이 알아서 스스로 잘 날았습니다. 이것으로 끝일까요? 아뇨, 그쯤 되자 연 할아버지는 날고 있는 연의 실을 기둥에 묶고, 다른 연을 꺼내 날리기 시작하셨습니다.

이를 가만히 지켜보면서, 연날리기가 사업을 키워가는 과정과 비슷하다는 생각이 들었습니다. 사업 초기에는 대표가 하나부터 열까지 아니, 백까지 신경 써야 합니다. 그러다가 조금씩 일부의 일을 직원에게 위임하게 되고 시간이 흐르면서 그 일이 자동화되죠. 사업이 어느 정도 궤도에 올라 안정된 것 같을 때는 다른 일을 시작합니다. 처음처럼 천천히 줄을 튕기고 당기기를 반복하면서 고도를 계속 높여갑니다. 그러다 처음 하늘로 올린 일의 고도가 낮아지는 것 같다면, 다시 가서 줄을 팽팽하게 당겨 높게 올려야 합니다. 사업가는 정말 이런 과정을 거치는 것 같습니다.

공원의 날아다니는 연을 보면서도 이렇게 배우게 됩니다. 처음이 제일 힘들다는 것, 다른 연을 날리려면 첫 번째 연이 궤도에 안착되어 있어야 한다는 것, 연의 고도가 낮아지면 다시 가서 신경을 써야 한다는 것 등을 말이죠. 연 할아버지, 가르침을 주셔서 감사합니다.

1

배울 때 강의 결제부터 하지 말 것

무언가를 시작해야 할 때, 관련 강의를 찾아 수강료 결제부터 하는 사람들이 있습니다. 십여 년간 수업을 듣고 시험을 보는 교육에 익숙한 입장에서 당연한 것 아니냐고 생각할 수 있습니다. 하지만 사업은 시험이 아니라는 걸 기억해야 합니다. 100점을 맞기 위해 완전한 학습이 전제될 필요가 없습니다. 직접 경험해 보지 않는 한 완전한 학습이 될 수도 없죠. 그렇지만 일단 관련 사업에 대한 지식이 전무한 상태라 강의를 한 번은 들어야겠다면, 작게라도 사업을 시도해 본 후 강의를 찾아볼 것을 권합니다. 자신에게 어떤 지식이 부족한지 알아야 진짜 도움이 될 만한 강의가 무엇인지 알 수 있고, 들은 후에도 실제 도움이 되기 때문이죠.

예를 들어서, 유튜브를 시작하려는 사람이라면 약 90% 비율로 우선 관련 강의부터 들으려고 할 겁니다. 그럼 어떤 일이 발생할까요? 강의만 듣고 끝나는 경우가 허다합니다. 수업을 들으며, '생각보다 어렵네' 하면서 포기하는 사람도 많을 겁니다. 대다수의 사람은 유튜버로 성공하는 데엔 아주 특별한 지식이나 비결이 있을 거라고 생각합니다. 그래서 그것도 모른 채 도전하는 건 무모해 보여서 싫을 수도 있습니다.

하지만 유튜브를 성공시키는 가장 좋은 방법은, 일단 유튜브를 하는 겁니다. 영상을 만들고 이를 업로드하고 독자들의 반응을 살피다 보면, 분명 막히는 부분이 나올 겁니다. 이처럼 해결해야 할 문제가 명확해져야 어떤 강의를 들어야 할지, 무엇을 배워야 할지, 강사에게 무엇을 물어야 할지도 보입니다. '일단 강의부터 듣고 도전해야지'라는 마음은 실력을 발전시키는 데 그다지 도움이 되지 않습니다. 적어도 강의를 듣는 동안만큼은 사업 성과를 내지 않아도 된다는 나름의 합리화가 발동하기 때문이죠. 기억하세요. 먼저 독학하고 나중에 배우는 겁니다.

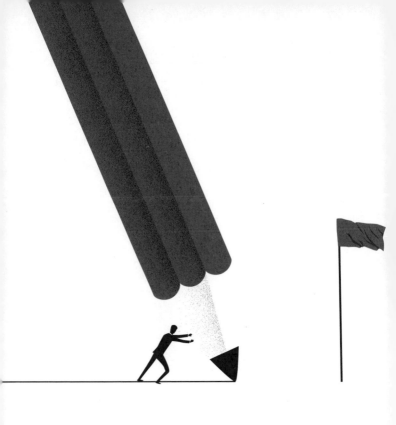

**먼저 독학하고
나중에 배우자.**

2

인풋과 아웃풋의 비율은 1:9

요즘에는 무언가를 배우고자 할 때 도움을 받을 수 있는 교육 콘텐츠나 영상들이 무궁무진합니다. 그래서 사람들은 그게 무엇이든 쉽게 뛰어들고 닥치는 대로 배우려고 하죠. 배우는 건 좋습니다. 문제는 배우기'만' 한다는 거죠.

사실 사업은 배운다고 해서 그 결과가 크게 달라질 것이 없는 분야입니다. 아는 것이 많아져서 성장하고 있다는 '기분'은 들지 모르겠지만, 수많은 책을 읽는다고 내 사업의 매출이 눈에 띄게 올라가는 건 아닐 겁니다. 반면, 아는 것을 실행하면 분명히 달라집니다.

유능한 사업가가 되기 위한 인풋과 아웃풋의 비율은 1:9라고 생각합니다. 아무리 봐줘도 2:8 정도는 되어야 합니다. 사실 현대인들은 무의식적으로 SNS 앱에 접속하고 자연스럽게 유튜브 영상을 보기에, 반강제적으로 콘텐츠에 노출되면서 인풋이 될 때가 많습니다. 이러한 이유로 저는 인스타그램이나 유튜브 앱에 자주 들어가지 않습니다. 과도한 인풋으로 종종 뇌가 무거워지는 느낌을 받거든요. 그러니 배우는 것에 너무 집착하지 마세요. 대신 매출에 도움이 되는 일을 그냥 실행하세요.

정보가 넘쳐나는 시대에 최신 정보를 놓칠까 봐 불안해할 것이 아니라, 유용한 정보를 적당히 습득하는 '절제력'을 갖추는 지혜도 필요합니다.

3

효율적인 독서법

당신은 책을 어떻게 읽나요? 제가 책을 읽는 방법은 다음과 같습니다. 일단, 책을 많이 삽니다. 왠지 내게 도움이 될 것 같은 책, 영감을 줄 것 같은 책이 눈에 띄면 너무 고민하지 않고 충동적으로 구매합니다. 빌리지 않고 삽니다. 빌리는 데는 시간이 더 걸리니까요.

그다음 산 책들을 곁에 쌓아 둡니다. 이렇게 쌓아 둔 것 중 제일 끌리는 책을 고릅니다. 목차를 노려보며 지금 내 상황에 도움이 될 것 같은 챕터부터 펼쳐서 읽습니다. 재미와 감동 혹은 충격을 위해 스토리가 연결된 문학 도서라면 모를까, 책을 처음부터 끝까지 모조리 읽으라는 법이라도 있나요? 따라서 저는 제게 필요한 메시지다 싶은 부분만 읽고 책을 덮습니다. 독서 시간이 5분을 넘지 않을 때도 있습니다. 밑줄을 치거나 페이지 모서리를 접지 않아도, 블로그나 SNS에 옮겨 적지 않아도 됩니다. 그냥 읽고 덮습니다. 그리고 그다음 책을 꺼냅니다.

보시다시피, 저는 한 권의 책을 오래 읽는 편이 아닙니다. 20분 이상 읽으면 왠지 지루하기도 하고 잘 읽히지 않는 느낌이 들거든요. 그럴 때 읽던 책을 덮고 새로운 책을 펼치면 뇌가 새롭게 활성화되면서 다시 집중할 수 있게 되죠. 이 같은 방식으로 책을 읽다 보니, 1시간이면 7~10권을 읽을 수 있게 되었죠. 사실상 1권의 책을 30장 읽든, 10권의 책을 3장씩 읽든 독서량은 똑같지 않나요? 시간이나 분량에 얽매일 필요가 없습니다.

그렇게 읽다가 큰 영감을 얻거나 고민하던 문제가 해결되었다면, 그 이상 읽지 않고 다른 일을 하거나 사색을 합니다. 사색은 카페에 가거나 산책을 하거나 운전을 하거나 샤워를 하면서도 할 수 있죠. 마음에 드는 책을 만나면 전자책으로 구매해 걸어 다니면서 또 읽거나, 오디오북으로 구매해 운전하면서 듣곤 하죠. 그렇게 저는 책 속의 문장을 반복해서 들으며 '내 것'으로 만듭니다.

과거 제가 저질렀던 실수 중 하나는, 책 읽는 행위 자체에 매몰되었던 것입니다. 당시엔 '그래도 내가 비즈니스 관련 책은 많이 읽어봤으니 사업도 곧잘 하겠지' 생각했습니다. 이런 착각에 빠져서 책 뒤에 숨어지냈던 것 같습니다. 책은 행동을 위한 도구일 뿐입니다. 책을 읽고 이를 사용해 실천하지 않는다면, 결국 책을 읽지 않는 것과 다를 게 없습니다. 적어도 사업에 있어 책만큼은 도구로 활용되길 바랍니다.

4

최고의 인맥 관리법

사업을 할 때 좋은 파트너나 귀인을 만나는 것도 중요합니다. 그것이 급성장의 계기가 될 수도 있기 때문이죠. 그렇다면 이를 위해 전략적으로 인맥을 관리해야 하는 걸까요? 저의 경우 인맥 관리를 따로 하지는 않습니다. 사실 사람도 잘 만나지 않죠. 유튜브를 하다 보니 다양한 곳에서 연락이 오는데, 나가서 만나는 일은 좀처럼 없는 것 같습니다.

대신 제가 관리하는 것이 있습니다. 바로, 실력 관리입니다. 실력이 생기면 자연스럽게 인맥이 생깁니다. 실력자는 실력자를 알아보기에, 열심히 하다 보면 만나게되고 함께 사업을 도모하게 되지요. 굳이 애쓸 필요가 없습니다. 그저 한 분야에서 탁월한 실력을 쌓으면 자동으로 같은 레벨의 사람이 모입니다. 마치 서로를 끌어당긴 것처럼 말이죠.

좋은 인맥을 쌓고 싶나요? 남에게 잘 보이려고 지나치게 노력할 필요도 없습니다. 그저 신뢰를 잃을 만한 행동을 삼가면서 인맥 관리보다 실력 관리에 더욱 힘쓰시길 바랍니다.

5

확실한 멘탈 관리법

사업은 어렵습니다. 직장생활보다 훨씬 어렵습니다. 회사의 구성원이 아닌 대표로서 하루하루 마주하게 되는 문제들을 해결하는 것 자체가 쉽지 않습니다. 사실 계획대로 되는 게 생각보다 많지 않습니다. 그렇지만 사업을 하면서도 저는 소위 말하는 '멘탈이 무너지는 경험'은 하지 않았습니다. 아마 평소에 이런 말을 달고 살아서인 것 같습니다.

'이건 기회다.'

　문제가 발생하면, 즉시 이렇게 생각합니다. 매출이 내려가고 고객이 떨어져 나가도 이것이 기회라는 생각으로 사업의 방향을 재빠르게 재설정합니다. 그러다 보면 더 좋은 방향으로 사업이 확장되곤 했죠.

　직원과의 문제가 생길 때도 이건 기회라고 생각합니다. 직원 채용 시스템을 다시 정비할 때가 되었다는 신호로 받아들이는 것이죠. 그렇게 생각을 고쳐 해석하다 보니 멘탈이 무너질 일이 딱히 없었습니다. 발생한 문제는 내가 잘못된 길로 가고 있다는 것을 알려주는 신호입니다. 이 신호 덕분에 잘못된 길을 돌이켜 올바른 길로 갈 기회를 얻을 수 있으니, 얼마나 고맙습니까?

**문제는 올바른 길로 되돌아갈
기회를 제공한다.**

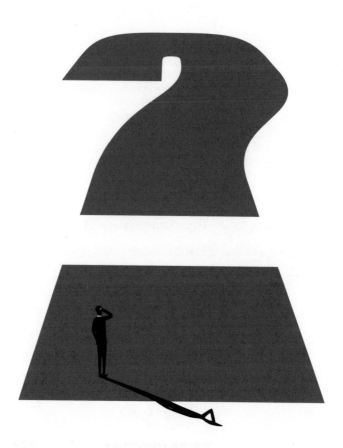

6

단순한 시간 관리법

사업을 하면 시간이 정말 빠르게 흘러갑니다. 하루는 정말 짧고 실질적으로 일에 투입할 수 있는 시간도 얼마 되지 않는다는 걸 새삼 느끼게 됩니다. 그래서 저는 1시간, 1시간이 너무 귀합니다. 어떻게 하면 이 소중한 시간을 잘 쓸 수 있을까요?

첫째로, 시간을 뺏기면 안 됩니다. 뺏긴다는 말엔 여러 의미가 있을 수 있지만 저는 특히 게임이나 드라마 등

중독성 있는 콘텐츠에 할애하는 시간을 최소화하려고 애씁니다.

둘째로, 시간을 확보해야 합니다. 생각보다 하루는 짧습니다. 그래서 다른 이에게 일을 위임함으로써 내가 쓸 수 있는 시간을 늘려야 합니다. 자신이 사업을 위해 하는 일 중 누군가에게 맡길 수 있는 일이 있다면 돈을 주고서라도 맡기세요. 돈을 주고 시간을 벌 수 있습니다.

셋째로, 확보한 시간을 잘 써야 합니다. 시간이 없는 이유는 정작 중요한 일을 하지 않았다는 증거이기도 합니다. 하루 전날 밤, 다음 날 해야 할 중요한 일들을 체크하고, 가장 중요한 일이나 다음 사람이 기다리고 있는 일을 빨리 끝내버리면 여유를 가질 수 있겠죠.

사업가는 오직 퇴근 시간이 빨리 오기만을 기다리는 직장인과는 다릅니다. 대표의 시간은 금보다 귀합니다. 그러니 시간을 버는 일에는 비용을 아끼지 말길 바랍니다.

돈을 주고서라도
시간을 사라.

사업은 정전된 집을 밝혀가는 것이다

직장인의 옷을 벗고 사업가의 옷을 입은 저에게 가장 어렵고 낯설었던 것은, 누구도 제게 해결책이나 답을 주지 않는다는 것이었습니다. 직장생활을 할 때는 사수가 지시하는 것, 대표가 시키는 것을 잘해내면 됐는데, 사업을 시작해 대표가 되니 누구도 저에게 업무를 지시하지 않더라고요. 네, 분명 자유를 얻었습니다. 하지만 그만큼 책임감도 얻었죠.

직장인은 하루하루가 재빠르게 흘러 월급날이 오기를 기다리지만, 대표가 되니 의미 없이 흘러가는 하루하루가 너무 큰 리스크가 되었습니다. 당장은 망하지 않은 것처럼 보여도 그렇게 시간을 흘려보내면서 기업은 서서히 잠식할 수 있기 때문이죠.

사업 초기에는 주어진 자유가 두려웠습니다. 하루 24시간을 온전히 책임질 자신이 없어서였을 겁니다. 망쳐버린 시간이 많았습니다. 다행인 건, 시간이 흐르면서 조금씩 조금씩 방법을 찾아갔다는 것입니다. 때로는 책에서, 때로는 사람에게서, 때로는 콘텐츠에서 영감을 얻으며 나아가야 할 방향을 찾았습니다.

문득, 사업을 한다는 것은 정전된 집을 밝혀가는 것과 같다는 생각이 들었습니다. 갑작스러운 정전으로 집 안이 캄캄해지면 아무것도 보이지 않습니다. 어두운 방에서 주위를 더듬어가며 전등 스위치가 어디에 있는지, 차단기가 어디 있는지 파악하는 게 제일 먼저 해야 할 일이죠. 처음엔 방향을 알 길 없으니 주변에 놓여 있는 가구에 정강이를 부딪히기도 하고 장애물에 걸려 넘어지기도 하면서 여기저기 멍이 들지도 모릅니다.

하지만 시간이 지날수록 어둠에 익숙해지면서 주변 사물이 조금씩 눈에 들어옵니다. 인간의 망막 세포가 완전히 어두운 빛에 반응하게 되기까지 필요한 시간을, '암흑적응dark adaptation'이라고 부르죠. 다들 경험해 보셨을 겁니다. 그렇게 어둠에 익숙해져서 방을 더듬어가다 보면 마침내 두꺼비집이 어디 있는지 알게 되고, 내려간 차단기를 올려 다시 불을 밝힐 수 있게 되겠죠!

저는 이 책을 통해 사업을 꿈꾸는 많은 이를 응원하고 싶었습니다. 저마다의 불을 켜가는 그 과정에 힘을 보태고 싶었습니다. 캄캄한 허공에 휘휘 팔을 내저으며 방향을 찾아가는 모습이 처음엔 바보 같아 보일 수 있지만, 곧 익숙해질 거예요. 자신에게 그런 능력이 있다는 걸, 스스로 믿으면 좋겠습니다.

마지막으로, 늘 곁에서 저를 지지해 주는 사랑하는 아내와 가족들, 사업가 친구들, 내일을 여는 교회 식구들에게 감사의 인사를 전합니다.

사업가를 만드는 작은 책

사업가를 만드는
작은 책

1판 1쇄 발행 2023년 5월 15일
1판 5쇄 발행 2024년 8월 16일

지은이 사업하는 허대리

발행인 양원석
디자인 스튜디오243
영업마케팅 양정길, 윤송, 김지현, 한혜원

펴낸 곳 ㈜알에이치코리아
주소 서울시 금천구 가산디지털2로 53, 20층 (가산동, 한라시그마밸리)
편집문의 02-6443-8826 **구입문의** 02-6443-8800
홈페이지 http://rhk.co.kr
등록 2004년 1월 15일 제2-3726호

©사업하는 허대리 2023, Printed in Seoul, Korea

ISBN 978-89-255-7660-2 (03320)